KU-586-080

TOMMO

STORI'R SŴN MAWR

Andrew 'Tommo' Thomas
gyda Terwyn Davies

Gomer

CYNNWYS

Cardiff Libraries
www.cardiff.gov.uk/libraries

Llyfrgelloedd Caerdydd
www.caerdydd.gov.uk/llyfrgelloedd

TOMMO

STORI'R SŴN MAWR

WITHDRAWN FROM STOCK

ACC. No: 02980078

Cyhoeddwyd yn 2014 gan Wasg Gomer, Llandysul,
Ceredigion SA44 4JL
www.gomer.co.uk

ISBN 978-1-84851-897-1

Hawlfraint ⓟ Andrew Thomas 2014 ©

Mae Andrew Thomas wedi datgan ei hawl dan
Ddeddf Hawlfreintiau, Dyluniadau a Phatentau 1988 i
gael ei gydnabod fel awdur y llyfr hwn. Cedwir pob hawl.
Ni chaniateir atgynhyrchu unrhyw ran o'r cyhoeddiad
hwn, na'i gadw mewn cyfundrefn adferadwy, na'i
drosglwyddo mewn unrhyw ddull na thrwy unrhyw
gyfrwng electronig, electrostatig, tâp magnetig,
mecanyddol, ffotogopïo, recordio, nac fel arall, heb
ganiatâd ymlaen llaw gan y cyhoeddwyr.

Cyhoeddir gyda chymorth ariannol Cyngor Llyfrau Cymru.

Argraffwyd a rhwymwyd yng Nghymru gan
Wasg Gomer, Llandysul, Ceredigion.

Dyluniad y gyfrol: Rebecca Ingleby Davies

Lluniau BBC Cymru/Warren Orchard ar dudalennau:
4, 6, 8, 90, 94

Lluniau BBC Cymru ar dudalennau:
89, 95, 96-7, 109, 110, 111, 115

Lluniau Aled Llywelyn ar dudalennau:
21, 64, 68, 77, 86-7, 88, 93, 99, 100, 104, 117, 119

Sŵn mawr y prynhawn

Mae'n rhaid i fi gyfadde, do'n i ddim wedi sylweddoli fod unrhyw le'n well na'r seithfed nef, na bod 'na gwmwl uwch na chwmwl naw i ga'l, tan i fi ddachre cyflwyno'n rhaglen 'yn hunan ar BBC Radio Cymru. Sai wedi bod 'ma flwyddyn 'to – ond sai wedi dachre dod lawr o'r cymyle hynny – a dwi'n dal yn ffindio hi'n anodd credu bo' fi'n neud y gwaith 'ma. I fod yn onest, mae'r jobyn hyn wedi newid 'y mywyd i'n llwyr. Yn un peth, dwi'n teimlo lot yn iachach na beth dwi wedi neud o'r bla'n; dwi wedi neud lot fawr o ffrindie newydd; ac yn fwy na dim hefyd dwi'n siarad mwy o Gymra'g nawr 'na 'nes i erio'd ... ac wi wrth 'y modd.

Ma'r misoedd dwetha 'ma wedi mynd mor glou ers i fi ddachre cyflwyno'n rhaglen gynta ar 10 Mawrth 2014. Odw, dwi wedi ca'l tipyn o fflac o achos safon y Gymra'g dwi'n siarad ar y radio, ond dyma'r iaith dwi wedi'i iwso erio'd; yr iaith dwi'n siarad bob dydd gyda'r teulu, a'r iaith dwi'n clywed ar y strydoedd yn Aberteifi lle dwi'n byw. Dwi'n dysgu rwbeth newy' bob dydd ... gair newy' neu ryw ddywediad anghyfarwydd, a dwi'n lwcus iawn o'r tîm cynhyrchu sy 'da fi ar y rhaglen sy'n helpu fi i wella 'Nghymra'g ar hyd y daith 'ma.

Falle bo' fi ddim yn siarad Cymra'g perffeth, fel ma lot o bobol yn disgwl i fi neud, ond y peth pwysica i fi yw bo' fi **yn** siarad Cymra'g. Y cwestiwn mawr fydden i'n gofyn yw, a wês unrhywun yn siarad Cymra'g perffeth?

Na, dim pob un sy'n lico gwrando ar 'yn rhaglen i, neu'n lico'n steil i o gyflwyno. Ma pobol yn lico pethe gwahanol – diolch byth. Ond dwi'n gobeitho bo' fi wedi denu pobol newydd i wrando ar Radio Cymru ers i fi ddachre, pobol sy erio'd wedi gwrando ar Radio Cymru o'r bla'n. Pobol sy'n siarad yr un math o Gymra'g â fi, pobol sy wedi gweud cyn hyn, 'O, dyw 'Nghymra'g i ddim yn ddigon da i siarad a allen i byth wrando ar Radio Cymru.' Wel, fi'n gobeitho nawr 'u bod nhw'n teimlo bod eu Cymra'g nhw'n ddigon da, a fi'n gobeitho 'u bod nhw wedi croesawu sŵn mawr y prynhawn mewn i'w bywyde erbyn nawr. Odw, dwi'n cadw tipyn o sŵn – bron 'sdim ishe meic arna i – ond dwi wedi gweitho'n galed i gyrradd lle ydw i heddi. Mae wedi bod yn dipyn o daith, 'bach fel mynd ar *rollercoaster*. A nawr dwi moyn rhannu'r daith 'na gyda chi...

Y Tommo bach

Fi'n gwbod fyddech chi'n ca'l hi'n anodd i gredu, ond ma rhyw sŵn mawr wedi perthyn i fi erio'd. Na, wir nawr! We'n i hyd yn oed yn fabi llawn sŵn, medde Mam. Ma'r rhan fwya o bobol yn y 'ngalw i'n 'Tommo' erbyn heddi, heblaw Dad a Mam a Tina, 'yn whâr. Andrew fydda i iddyn nhw am byth, siŵr o fod. Fe dda'th Andrew Paul Thomas i'r byd 'ma am y tro cynta ym mis Chwefror 1967, yr ail blentyn i Dilwyn ac Olwen Thomas, Maesglas, Aberteifi yng Ngheredigion ... Cymru ... Ewrop ... y byd.

Nath Dad a Mam weitho'n galed drwy'u hoes i neud yn siŵr fod bwyd ar y ford i ni fel teulu. Un o dre Aberteifi 'i hunan yw Mam a fan hyn ma hi wedi byw erio'd. Ond un o Grymych yn sir Benfro yw Dilwyn, sef Dad. Wedd 'i dad e, sef 'yn dad-cu i, yn dipyn o gymeriad yn yr ardal. Dai Thomas wedd 'i enw fe, yn anffodus dyw e ddim gyda ni rhagor. Ond wedd pawb yn 'i nabod e fel 'Dai Bach Midway' achos bydde fe'n dreifo bws i gwmni bysus Midway jyst tu fas i Grymych. Ma'i wraig, sef Dora, sef Mam-gu, yn dal ambyti ond ma hi mewn cartre hen bobol yng Nghastellnewydd Emlyn erbyn nawr. Fe fagon nhw bump o blant i gyd ac fe roion nhw enwe'n dachre gyda 'D' i bob un ohonyn nhw, achos eu henwe nhw

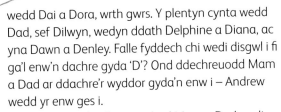

wedd Dai a Dora, wrth gwrs. Y plentyn cynta wedd Dad, sef Dilwyn, wedyn ddath Delphine a Diana, ac yna Dawn a Denley. Falle fyddech chi wedi disgwl i fi ga'l enw'n dachre gyda 'D'? Ond ddechreuodd Mam a Dad ar ddachre'r wyddor gyda'n enw i – Andrew wedd yr enw ges i.

Wedes i wrthoch gynne bod Mam a Dad wedi gweitho'n galed. Wel, fuodd Mam yn gweitho am flynydde yn yr ysgol yn Aberteifi yn paratoi cino ar gyfer y plant, a wedyn fuodd hi'n gweitho mewn siop shŵs yn dre. A Dad, wel gweitho i'r cownsil fel masiwn wedd e'n neud – yn codi walydd yn yr ardal – a wedd e'n joio'r gwaith 'ny a dod 'nôl â sawl stori i neud i ni wherthin.

Os fues i'n fabi swnllyd, wel, we'n i'n blentyn llawn sŵn hefyd. Y cof cynta s'da fi'n blentyn wedd pan we'n i'n rhyw 5 oed, a dwi'n cofio bo' fi mas ar y stryd tu fas i'n tŷ ni ym Maesglas, a wedd criw o ffrindie 'da fi. Ac fe wnes i regi! Alla i byth â gweud wrtho chi beth yn gwmws wedd y rheg 'na, ddim yn y llyfyr hyn ta p'un 'ny, ond wedd e ddim yn air neis iawn. Ond we'n i ddim yn sylweddoli bod e'n air drwg ar y pryd, sai'n credu. A dwi'n cofio Mam yn sgrechen wrth glywed fi'n gweud y gair, wedd hi'n amlwg bod hi wedi ca'l tipyn o sioc pan wedes i fe, fel se hi byti mynd drw'r llawr!

Wedd Mam wastad yn gweud bo' fi'n blentyn melltigedig, 'sdim dal beth fydden i'n neud rownd y tŷ – a tu fas i'r tŷ hefyd! Wedd *venetian blinds* 'da ni gatre pan we'n i'n rhyw beder neu bump oed. Rhaid bo' fi'n bôrd un diwrnod, achos fe ges i afel ar siswrn ac fe es i iste wrth y ffenest, a dachre torri'r bleinds 'ma o'r gwaelod yr holl ffordd lan i'r top. Wel, fe gerddodd Mam mewn â 'nala i ... a 'na'i gyd dwi'n cofio wedd 'i gweld hi'n llefen achos wedd hi wedi ca'l cymint o siom o weld y bleinds yn bishys.

Wedd dim lot o arian 'da ni bryd hynny, a bydde ca'l rhai newydd yn gostus. Fe ges i dipyn o *row*, ond sai'n credu ddysges i ddim o'r bregeth hynny cofiwch. Ac am gyfnod, wedd pawb yn y stryd yn gallu gweld mewn i tŷ ni.

Wedd dwy stafell 'da ni ar lawr gwaelod y tŷ – un stafell fyw, ac un stafell lle fydden i'n byta. Wrth y ford yn y stafell fyta wedd 'y nhad yn cadw'i hen *tape recorder*. Un diwrnod fe ges i afel ar rai o'r tapie wedd e wedi recordo dros y blynydde. Ar y tapie 'ma wedd recordiade o fi a Tina'n whâr yn siarad, felly wedd rhyw *sentimental value* iddyn nhw. Fe es ati i dynnu'r stribed tâp bach brown mas o'r casyn ... jiw, we'n i'n ca'l sbort yn tynnu a halio wrth y tâp wedd fel rhyw raff hir, ac we'n i'n mynd â siswrn drwy hwnnw wedyn! Fi'n credu nath Mam lefen 'to, druan â hi. Ie, melltigedig wedd y gair iawn i ddisgrifio fi, fi'n credu. Ma rhai'n gweud bo' fi dal i fod yn llawn melltith.

Wedd ca'l 'y magu yn 164 Maesglas, Aberteifi yn grêt. Rhentu'r lle fydde 'nhad a mam yn neud ar y dachre, cyn ca'l y cyfle i brynu'r lle yn y pen draw. Dwi'n cofio lot fawr o blant ambyti'r lle – criw o blant yn whare ar y stryd. Lot mwy na welwch chi heddi. Wedd dim compiwtyrs i ga'l bryd hynny ('na pa mor hen odw i), felly wedd yn rhaid i ni drial diddori'n hunen tu fas. Yn ystod gwylie'r ysgol, fydden i'n mynd mas yn y bore marce wyth ac fe fydden i'n aros mas wedyn tan tua pump neu whech o'r gloch yn y nos, heb fynd 'nôl mewn i ga'l cino hyd yn oed. Whare fydden i'n neud drwy'r dydd.

Dwi'n cofio whare cwato'n amal ar y stad, achos bryd hynny we'n nhw'n dal yn adeiladu'r tai ym Maesglas. Felly, wedd rhan o'r stad yn dal i fod yn

seit adeiladu. Briliant! We'n ni'n joio cwato yng nghanol y seit. Un o'r llefydd gore i gwato, coeliwch neu beido, wedd yn y sement micsyr 'i hunan. Ie, chi'n iawn – reit mewn yn y micsyr! Un mawr oren wedd e. Alla i weld e nawr. Dwi'n cofio mynd mewn i gwato 'na ac aros i'n ffrindie ddod i whilo amdana i. Fe glywes i gwpwl o leisie'n dod yn agosach ac yn meddwl taw'n ffrindie i we'n nhw, ond y bildyrs yn dod 'nôl o amser cino wedd y lleisie we'n i'n clywed. Fe bopes i 'mhen i mas o'r micsyr a'u gweld nhw, llefen a rhedeg mas o'r seit – a 'nôl gatre â fi! Pan holodd Mam fi ble we'n i wedi bod, a finne'n gweud wrthi, fe ges i row arall, a cha'l pregeth am gadw mas o'r seit o hynny mla'n. A hyd heddi, sai'n credu fod pobol Maesglas yn gwbod bo' fi wedi bod mewn yn eu tai nhw cyn bod nhw wedi symud mewn i'w tai 'u hunen hyd yn oed! Ie, dim ond Tommo alle weud 'ny!

Dwi'n meddwl bod pob brawd a whâr yn cwmpo mas â'i gilydd pan ma'n nhw'n fach, a wedd Tina a fi 'run peth. Fydden ni'n cwmpo mas o hyd, fel ci a hwch!

Dwi'n cofio clywed Tina'n gofyn i Mam un tro, 'Pam gest ti Andrew? Ife achos we't ti ddim yn hapus â fi?' 'Na, beth wedd gweud mawr! Ffindies i mas cyn bo hir wedyn mai Tina wedd wedi gweud wrth Mam 'i bod hi ishe brawd bach. Felly 'i bai hi wedd e i gyd beth bynnag.

Ond fe fydde ni'n cwmpo mas am bopeth. Fe fydde hi'n gweud pethe o hyd i'n weindo i lan. Fydde hi'n gweud pethe sili fel 'i bod hi'n mynd i ga'l mwy o fwyd na fi, neu pan we'n i wedi mynd i gwely, wedd hi'n gweud fydde Dad a Mam yn mynd lawr i'r siop *chips* i hôl *chips* i bawb heblaw fi! Fydde hynny'n hala fi'n benwan a wedd hi'n gwbod hynny; felly, wedd hi'n lico neud a gweud rhyw bethe fel'na achos bod nhw'n weindo fi lan. Ond dwi'n credu bod pawb wedi ca'l profiade fel'na gyda'u brawd neu chwaer. A gan bod Tina bum mlynedd yn hŷn na fi, we'n i'n fwy tueddol o fynd i whare gyda plant o'r un oed â fi, neu rhai'n iau wedyn. Ond ma sawl brawd a whâr yn stopo cwmpo mas pan ma'n nhw'n henach ac yn gallach – ond dim Tina a fi – ni'n dal i gwmpo mas hyd heddi!

Y teulu Thomas: Tina, Tommo a Mam a Dad →

Ysgol gynradd
Aberteifi – ond ble
ma Tommo?

'Rent-a-mouth' yn yr ysgol

Dwbwl trwbwl: fi a Tad-cu,
Dai Bach Midway

Pan wedd hi'n bryd i fi ddachre mynd i'r ysgol, wedd criw da o ffrindie 'da fi, a we'n i'n dwlu mynd i Ysgol Iau Aberteifi. Y prifathro ar y pryd wedd y diweddar Alun Tegryn Davies a dwi'n cofio beth wedd e'n arfer 'y ngalw i, 'Rent-a-mouth'. Sdim ishe i fi egluro pam wedd e wedi rhoi'r enw 'na arna i. Ma lot o fois yn ffinjo pob esgus dros beido mynd i'r ysgol – ond dim fi – we'n i'n dwlu mynd. A hyd yn oed os we'n i'n gweud wrth Mam ambell i ddiwrnod bo' fi'n teimlo'n sâl, yna fydde hi'n gweud yn bendant, 'Nagwyt ddim, be sy'n bod arnat ti – cer i'r ysgol 'na!'

Y gwirionedd ynglŷn â pam na we'n i ishe colli ysgol wedd rhag ofon bod rhywun yn siarad amdana i. We'n i'n sylwi hefyd bryd 'ny y bydde plant yn ffrindie 'da pobol wahanol ar ddiwrnode gwahanol. David Jones wedd 'yn ffrind i ddydd Llun; wedyn fydden i gyda Paul Jones ddydd Mawrth; a fel 'na wedd hi'n mynd mla'n; rhywun gwahanol bob dydd. We'n i'n ffindo mas bod pawb ishe bod yn ffrindie 'da fi. Mwy na thebyg achos mai fi wedd y boi wedd yn whare'r ffŵl yn y dosbarth.

Rhaid gweud bo' fi'n cofio cwpwl o bethe bach digon rhyfedd am 'y nyddie cynta yn Ysgol Iau Aberteifi. Dwi'n cofio mynd i'r ysgol un diwrnod â dici-bow bach elastig rownd 'y ngwddwg! Ie, fe ddarllenoch chi'n iawn, dici-bow elastig! Dim iwnifform wedd e, jyst Mam wedi penderfynu rhoi dici-bow amdana i, crys gwyn, pâr o siorts a sandals coch. 'Na beth wedd golwg, siŵr o fod! Allech chi ddychmygu plant heddi'n gwisgo rhwbeth tebyg i'r ysgol? Dim *chance*!

Wedd pobol yn gallu gweld bo' fi'n un wedd yn lico perfformo ers pan we'n i'n ifanc. Dwi'n cofio ca'l rhan yn y sioe *Branwen* yn yr ysgol, rhan bwtshwr ges i yn y sioe, a dwi'n cofio gorfod canu'r gân 'Migldi Magldi' ar y llwyfan. Wedd dim ofon dim arna i, dwi'n cofio hynny. Er, sai'n cofio shwt siâp wedd ar y canu chwaith ...

Wedd Alun Tegryn Davies yn brifathro yn yr ysgol, a wedd athrawes o'r enw Mrs Davies hefyd yn dysgu yno, ond do'n nhw ddim yn briod, jyst digwydd shario'r un enw, er ddealles i ddim o hynny ar y pryd. Dwi'n cofio pan we'n i'n rhyw whech oed i fi weld y ddou ohonyn nhw'n mynd mewn i stafell y prifathro, a finne'n gweud wrth ffrind mai mynd mewn 'na i gusanu we'n nhw! Ar ôl i fi weud hynny, aeth 'yn ffrind i 'nôl at Mr Davies a gweud wrtho fe beth wedes i wrtho am beth we'n i'n meddwl wedd yn mynd mla'n pan wedd y prifathro a Mrs Davies wedi mynd mewn i stafell y prifathro. Pan glywodd

Bois pêl-droed ysgol gynradd Aberteifi o fla'n cyrtens ardderchog. Ble ma Tommo 'to?

Alun Tegryn Davies hynny, fe 'nath e neud yn siŵr bod yr ysgol i gyd yn casglu 'da'i gilydd ar yr iard, a wedyn gofyn i fi ddod 'mlan i'r bla'n ato fe – o fla'n pawb!

Dyma Mr Davies yn gweud wrtha i wedyn, 'Andrew, gwed wrth bawb beth wedest ti wrth dy ffrind wedd Mrs Davies a fi'n neud yn fy stafell i?'

Fe goches i at fôn 'y nghlustie, a 'ma fi'n ateb e 'nôl gan weud, 'Wel syr, i chi ga'l gwbod, dyw e ddim yn ffrind i fi ragor ... ond y cwbwl wedes i wedd bo' fi'n meddwl bo' chi a Mrs Davies wedi mynd mewn i'ch stafell chi i gusanu.'

'Wel,' medde Mr Davies yn bwyllog, 'alla i weud wrthot ti bod ni ddim yn cusanu.'

A wedyn fe ges i gosb 'da fe; 'y nghadw mewn yn y dosbarth am fis yn ystod amser cino. O na! 'Na beth wedd *detention* caled iawn i fi. Wedd, wedd Alun Tegryn Davies yn iawn pan fedyddiodd e fi yn 'Rent-a-Mouth', whare teg.

Un peth alla i weud yn eitha gonest – wedd dim ofon 'da fi i siarad â neb yn yr ysgol. We'n i hyd yn oed yn siarad â'r athrawon fel 'se nhw'n fam neu'n dad i fi, neu un o'n ffrindie i. 'Na gyd we'n i'n lico neud wedd siarad. Ma lot fawr o 'nheulu i'n gweud mai dilyn ôl tra'd Dad-cu ydw i – y cymeriad Dai Bach Midway – sef tad 'y nhad. Wi'n cofio fe'n gweud stori wrtha i un tro amdano fe'n mynd â llond bws o bobol o Grymych i Abertawe. Nawr, yr adeg hynny wedd Abertawe'n bell o Grymych. Heddi, 'sneb yn becso dim am y daith a'r pellter, ma trafaelu wedi dod yn lot mwy cyfarwydd i ni. Ta beth, pan wedd Dai Bach Midway'n cario llond bws i Abertawe un bore, wedd hi tua 10 o'r gloch, fe dorrodd y bws lawr ar bwys Sanclêr. Ond yn lle ffono 'nôl i swyddfa Midway i weud bod nhw wedi torri lawr, fe benderfynodd Dai Bach y bydde fe'n gadel i bawb fynd i'r dafarn agosa – a fan 'ny fuodd dynion Crymych drw'r dydd – yn yfed yn y dafarn nes bod nhw'n feddw dwll. A wedd hi'n bump o'r gloch cyn bod Dad-cu yn ffonio 'nôl i'r swyddfa i weud bod nhw wedi torri lawr. Ond cymeriad fel'na wedd e – lico ca'l sbort o hyd – yn whare'r jocar. A'r cymeriad hwnnw ma Tommo bach yn tynnu ar ei ôl, dwi'n meddwl ...

Er bod Mam a Dad yn Gymry Cymra'g o'u penne i'w tra'd, wedd Tina a fi ddim yn siarad Cymra'g 'da'n gilydd – a dy'n ni dal ddim yn siarad Cymra'g 'da'n gilydd. Bydde Mam a Dad yn siarad Cymra'g â ni wrth gwrs er pan we'n ni'n fach iawn,

ac er bo' fi'n deall popeth we'n nhw'n gweud wrtha i, ateb nhw 'nôl yn Saesneg fydde ni'n dou'n neud. Dwi'n credu mai'r rheswm dros hyn wedd mai Saesneg we'n i'n siarad gyda'n ffrindie i ym Maesglas ar y pryd – Paul Jones, Dai Jones, Clive Evans a Nicky Dyball – achos 'na beth fydden nhw'n siarad 'da'i gilydd a 'na'i gyd fydden i'n clywed drw'r dydd. Fydden i mas yn eu cwmni nhw drw'r dydd, a dim ond Saesneg we'n i'n 'i glywed. A phan dda'th hi'n amser i fi fynd i'r ysgol uwchradd yn Aberteifi wedyn, i'r ffrwd Saesneg es i'n hytrach na'r ffrwd Gymra'g. Wi wedi holi Mam yn ddiweddar am hyn, a'r rheswm benderfynon nhw'n rhoi i yn y ffrwd honno wedd achos 'na ble wedd 'yn ffrindie i'n mynd i gyd ac we'n nhw'n meddwl fydden i'n hapusach yn mynd gyda nhw.

Dwi'n cofio mynd i'r gwersi Cymra'g lle we'n i'n ca'l y gwersi fel ail iaith – we'n i ddim yn deall yn iawn beth we'n nhw'n trial dysgu i ni bob tro – achos fydde fe'n Gymra'g gwahanol i beth we'n i'n clywed gatre 'da Mam a Dad.

Erbyn heddi, o edrych 'nôl ar y cyfnod hwnnw, dwi'n gwbod bo' fi wedi colli mas ar lot fawr o gyfleodd allen i fod wedi'u ca'l 'sen i wedi mynd i'r ffrwd Gymra'g. Dwi'n difaru na ges i'r cyfle i ga'l y gwersi yn y Gymra'g, ond dwi ddim yn dal unrhyw ddig yn erbyn Mam a Dad. We'n nhw'n meddwl mai dyna'r peth gore i fi ar y pryd, ac mae'n rhaid i fi barchu hynny. Ond alla i byth â peidio meddwl ambell waith shwt fydde Andrew Paul Thomas wedi troi mas 'se fe wedi ca'l ei addysg drwy gyfrwng y Gymra'g ... falle fydde cadair eisteddfodol 'da fi erbyn heddi, fel Ceri Wyn Jones!!

Pennod 4

Tommo bach yn yr ysgol fawr

Fe ddechreues i yn Ysgol Uwchradd Aberteifi yn 1978, wedd yr ysgol jyst lawr yr hewl o ble we'n i'n byw, felly wedd dim lot o waith cerdded i'r ysgol 'da fi. Dwi'n cofio ca'l iwnifform newydd sbon – a fyddwch chi'n falch o glywed na wedd dici bow a sandals coch yn agos i'r busnes! Wedd 'da fi grys a thei newydd, siwmper hefyd â bathodyn yr ysgol arno fe, *the works*. We'n i'n meddwl bo' fi'n edrych yn smart iawn! Wel, i weud y gwir, we'n i *yn* smart iawn!

Un o'r geirie cynta glywes i pan gyrhaeddes i yn yr ysgol ar y diwrnod cynta oedd 'dunking'! Hwn wedd yr arfer o roi pen rhywun lawr y tŷ bach, a fflysho'r tŷ bach wedyn er mwyn gwlychu pen y person hynny. Ond trwy lwc, safies i rhag ca'l y profiad 'ny, a roies i ddim o'r profiad hynny i neb arall chwaith, whare teg i fi. Y prif reswm am hyn dwi'n credu wedd achos 'mod i'n nabod bois o'r un stad â fi yn Maesglas, wedd ddwy flynedd yn hŷn na fi yn yr ysgol – ac we'n i'n hongian rownd 'da nhw o hyd. Felly we'n i'n cownto'n hunan yn saff ... ac yn lwcus!

We'n i'n gweld mynd i'r ysgol fawr yn ecseiting iawn yn enwedig y gwersi *technical drawing*, pan fydden ni'n ca'l defnyddio *compasses* a phethe fel'na. Ond we'n i'n teimlo fel *rhywun* yn yr ysgol uwchradd. Wedd amserlen 'da ni – we'n i'n gwbod beth wedd yn digwydd pryd – ac yn Ysgol Uwchradd Aberteifi deimles i bo' fi'n dachre dysgu pethe go iawn! A wedd y merched yn smartach hefyd, achos nid dim ond merched Aberteifi we'n nhw, we'n nhw'n dod o bob man i'r ysgol. Wedd digon o ddewis 'na!

Rhaid i fi gyfadde bo' fi ddim wedi bod yn ffan mawr o'r gwersi maths achos we'n nhw'n pwsho chi i drial ca'l marcs da mewn maths, ond wedd dim gobeth caneri 'da fi! Fydden ni'n ca'l ein dysgu shwd i neud algebra. Algebra! Beth wedd pwynt hwnnw? A wês unrhyw un wedi iwso algebra ers iddyn nhw adel yr ysgol? Gwedwch y gwir! A sai erio'd wedi bod yn fachan capel, ond fe ddewises i Ysgrythur neu 'Scripture' fel pwnc achos bo' fi'n credu bydde fe'n rhwydd a bydde fe ddim yn golygu lot o waith.

We'n i'n casáu neud tests ac ecsams yn yr ysgol. Wedd bach o broblem gwrando 'da fi, nid problem clyw, chi'n deall, ond ffaelu gwrando'n hir iawn ar unrhyw beth. We'n i'n ffaelu canolbwyntio ar bethe'n hir iawn, a heb air o gelwydd, *guesswork* fydden i'n neud y rhan fwya o'r amser pan wedd hi'n dod i drial ecsams. Wedd 'da fi ddim diddordeb mewn dysgu dim ar eu cyfer nhw. Fydden i'n cerdded mewn i'r arholiad heb fod wedi dysgu dim o'r gwaith; bydde'r papur yn cyrradd y ford, ac fe fydde'n rhaid i fi ddyfalu beth fydde'r atebion cywir. Gan bo' fi wedi dilyn Ysgrythur fel pwnc, dwi'n cofio i un papur ofyn cwestiwn un tro, 'Name The Ten Commandments'. Wel, wrth gwrs, wedd dim syniad

'da fi, felly'r cwbwl roies i lawr ar y papur wedd rhestr o chwaraewyr tîm pêl-droed Brasil! Wedd 'da fi ddim cliw!

Ond cofiwch chi, fe fydde 'na ambell i beth we'n i yn cofio gan yr athrawon – ac fe fydde rheiny'n safio fi'n amal – ond problem iste lawr â 'mhen mewn llyfre wedd 'da fi ar ddiwedd y dydd, a dwi'n gwbod hefyd nad fi wedd yr unig un wedd yn ffindo pethe'n galed. Ma sawl crwt ysgol arall tebyg i fi wedi bod yn yr un sefyllfa mewn ysgolion drwy Gymru gyfan, ac yn dal i fod, siŵr o fod.

Sai'n siŵr a wedd y canwr a'r darlledwr Brychan Llŷr yn un o'r bois 'ny. Mab y diweddar Dic Jones yr Hendre yw Brychan, wrth gwrs, a wedd e'n yr ysgol yr un pryd â fi, ond sawl blwyddyn yn iau na fi, dwi'n credu. A we'n ni ddim yn dod mla'n. Ddim o gwbwl. Alla i byth â gweud wrthoch chi'n iawn pam. Fe weles i Brychan yn lled ddiweddar, ac fe nath e'n atgoffa i o'n cyfnod tanllyd ni yn yr ysgol. Dwi'n meddwl falle'i fod e'n gweld fi fel bygythiad iddo fe – neu fel arall rownd – sai'n cofio! Ond wedd e'n fachan smart ... a we'n i ddim yn ffôl chwaith. Ond beth ddigwyddodd wedd bo' fi wedi gofyn iddo fe yn yr ysgol ai fe wedd brawd Dafydd Jones. Dafydd Jones yw brawd mawr Brychan, ac fe wedodd Brychan mai Dafydd wedd ei frawd e. Ac fe fwres i fe am ryw reswm – ond sai'n cofio pam, achos wedd dim byd yn bod ar Dafydd Jones. Ma dyn yn neud rhyw bethe dwl ambell waith ... Ni'n dod mla'n yn olréit nawr, cofiwch.

Wedd lot o ymladd yn mynd 'mlan yn yr ysgol y dyddie 'ny, a we'n i yn ei chanol hi'n amal! Pan we'n i'n mynd mewn i'r drydedd flwyddyn yn yr ysgol, we'n i'n teimlo bod pethe'n newid. We'n i'n newid fel person. Wrth gwrs, wedd y plant eraill i

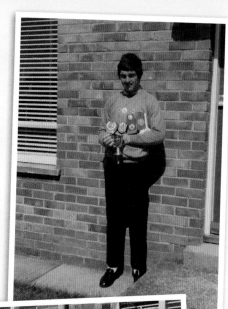

Teis, trwbwl a titshyrs – dyddie da ysgol uwchradd Aberteifi

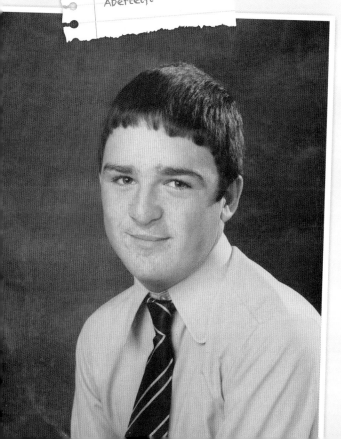

Tommo 'Twinkle-toes' a'i trophies

gyd yn newid hefyd, a we'n i'n dueddol o gymysgu gyda phlant wedd yn henach na fi ta p'un 'ny. Wedd 'na wanieth gangs yn yr ysgol a phob gang neu griw yn yr ysgol yn gwisgo'u gwanol liwie. Wedd y bois wedd yn dod o Aber-porth yn gwisgo siacedi gwyrdd gyda'r lliw oren y tu fewn i'r siaced; fydde bois Llandudoch yn gwisgo cotie du gyda'r lliw coch y tu fewn iddyn nhw; a we'n i gyda'r *townies* wrth gwrs, sef bois Aberteifi.

Ar ddiwrnod olaf y drydedd flwyddyn yn yr ysgol, dwi'n cofio fi a'n ffrind, Richard Watkins – bachgen da'th yn wreiddiol o Aberdâr ond wedd wedi setlo yn Aberteifi – yn ffindo'n hunen mewn ffeit ar gae'r ysgol. Ar ôl hanner awr, wedd siŵr o fod pob un yn yr ysgol mas ar y ca'n clatsho. Wedd hi'n wyllt 'na! Na'th ddim hyd yn oed y *prefects* drial stopo'r ymladd! Fe stopodd y clatsho yn y diwedd pan welon ni'r athrawon a'r prifathro'n cyrraedd y bancyn wedd uwchben y ca'. Ar ôl casglu pawb at ei gilydd o'i fla'n e, dim ond enw tri bachgen alwodd y Prifathro mas y prynhawn hwnnw – 'Burton', 'Watkins' a'r enw ola, ie, 'Thomas'. Fi! O na, medde fi wrth 'yn hunan. Fe halodd y Prifathro ni i'w stafell e'n syth – fi, Derek Burton a Richard Watkins. Ond achos bod ni'n nabod shwt gymint o'r bois yn y gangs eraill yn yr ysgol, we'n nhw wedi rhedeg mewn i'r ysgol ar ein hole ni a blocio dryse'r ysgol er mwyn stopo'r athrawon rhag mynd 'nôl mewn i'r adeilad. Wedd hi'n rhemp 'na!

Fe lwyddodd y Prifathro i gyrraedd ei stafell ac fe welodd y tri ohonon ni'n go glou beth fydde ni'n ca'l fel cosb pan welon ni fe'n tynnu'r gansen mas. Do, fe deimles i fla'n honno yn Ysgol Uwchradd Aberteifi. Richard Watkins wedd y cynta i ga'l y gansen – o fla'n Derek a finne – a ninne fan 'ny yn watsho Richard yn ca'l y clatshys. Ar ôl y glatshen gynta, fe droiodd Richard at y Prifathro gan weud, 'Ife 'na gyd dwi'n ca'l?' Pan glywes i fe'n gweud hynny, fe wedes i wrth 'yn hunan, 'O naaaa! Paid gweud 'na!' Ac fe gethon ni dair clatshen yr un. 'Na beth wedd profiad poenus ofnadw. Wedes i ddim wrth Mam bo' fi wedi ca'l y gansen y diwrnod hwnnw, ddim tan ryw bum mlynedd 'nôl, pan we'n i'n teimlo bod hi'n ddigon saff, a bo' fi'n ddigon hen i weud wrthi! Ond rhaid gweud, fe na'th ca'l y gansen ddysgu gwers galed i fi. Dwi'n meddwl bod e wedi neud fi'n fwy aeddfed, yn enwedig pan es i mewn i Ddosbarth 4. Erbyn hynny, we'n i'n gwbod bod hi'n amser i fi dyfu lan.

Tra we'n i yn yr ysgol, dechreuodd y diddordeb mewn gwneud gwaith DJ. Rhaid bo' fi tua 14 oed. Un o'n ffrindie gore, Paul Jones o Langoedmor, ddechreuodd bopeth, ma fe'n byw yn Saudi Arabia erbyn heddi, ond fe blannodd yr hadyn 'na yn 'y mhen i am y tro cynta. Wedd e'n byw mewn tŷ wedd yng nghanol y goedwig ger Llangoedmor. Wedd dim hewl yn mynd lawr i'r tŷ. Allech chi byth mynd â car lan 'na, wedd yn rhaid i chi gerdded. Wedd Paul a'i deulu'n iwso tractor i ddod â fe lan y llwybyr o'r ffarm i'r hewl fawr bob bore i ddala'r bws i'r ysgol.

Da'th Paul lan â'r syniad o newid un o'r sieds wedd ar bwys y tŷ i fod yn lle disgo. Briliant! Wedd angen goleuade arnon ni, ac fe ethon ni ati i neud rhai mas o hen fashîns golchi wedi'u rhoi o dan y record players. Wedd rhaid tynnu'r drwm mas o'r mashîns, rhoi bylbs mewn tu fewn a phapur lliw droston nhw a wedyn wedd goleuade disgo newydd 'da ni! We'n nhw'n edrych yn grêt hefyd.

Gan bod lle i gynnal y disgos 'da ni erbyn 'ny, fe awgrymodd Paul allen ni gynnal disgos go iawn yn y sied; partis Nadolig neu bartis diwedd tymor ar gyfer ysgolion neu gymdeithase, neu unrhyw un fydde ishe nosweithie tebyg i weud y gwir. Syniad ffantastic! A 'na beth nethon ni. Fydde pobol yn dod o filltiro'dd bant i ddisgos Paul a finne a bydde'r lle'n corco 'da miwsig. Dim ond tua 14 oed we'n i, ond we'n i'n joio mas draw. Dwi'n cofio i lot o bobol sôn ar y pryd eu bod nhw'n meddwl y bydde Paul yn siŵr o fynd mla'n i weitho ym myd radio; go brin fydden nhw wedi dychmygu ar y pryd mai *fi* fydde'n mynd i'r cyfeiriad hwnnw yn y pen draw.

Ma sawl un wedi gofyn i fi ar hyd y blynydde, 'Tommo – ble ges di'r enw Tommo a phryd?' Wel, fe ges i hwnnw pan we'n i tua 11 oed. Odi, ma fe'n mynd nôl mor bell â 'ny. We'n i'n gwrando ar dipyn o fiwsig yr adeg 'ny, a dwi'n cofio mynd i ddisgo ym mhwll nofio Aberteifi gyda Wil Roblin yn DJ 'na, un ar ddeg oed we'n i cofiwch! Ac we'n i'n mynd 'na 'da Richard Watkins a Paul Turner ac Annette Lawrence a fydden ni gyd yn gwisgo lan fel *pop stars* y cyfnod, hyd yn oed y merched. Wedd ffasiwn yn bwysig iawn, wedd e'n mynd 'da'r miwsig wedd yn boblogedd yr adeg 'ny. Dwi'n cofio fi'n gwisgo rhyw fath o siwt, gyda tei â phatrwm piano arno fe a trilby hat smart iawn a bŵts Dr Martens. Dyna shwt wedd bands fel y Specials a Madness, a hyd yn oed Ail Symudiad, yn gwisgo ar y pryd. Ac achos bo' fi wrth 'y modd 'da'r bandie 'na, we'n i wedyn yn dilyn yr un ffasiwn â nhw ac yn dwlu gwisgo lan i fynd i'r disgos yn fy siwt, ac wedd yn rhaid ca'l y *shades* hefyd i fennu'r lwc.

Dwi wedi dwlu ar y band Madness ers pan we'n i'n fach. Grŵp o Camden Town yn Llunden y'n nhw, gyda Graham McPherson neu 'Suggs' yn

Suggs o'r grŵp Madness a fi – pinshwch fi, rhywun!

brif ganwr, ac ma'n nhw wedi bod 'da'i gilydd ers 1976 yn canu caneuon fel 'House of Fun' a 'Wings of a Dove'. Ma'n nhw'n fand gwych, yn llawn hwyl. Enw'r bachan sy'n whare'r sacsoffon yn y band yw Lee Thompson, neu Lee 'Kix' Thompson fel wedd e'n ca'l ei alw pryd 'ny. Yn 1981, fe dda'th cân mas 'da nhw o'r enw 'The Return of the Los Palmas 7' a phan we'n nhw'n whare'r gân yn fyw a bod rhan solo gan Lee Thompson i whare, fydde Suggs yn gweud, 'And now it's time for El Tommo.' Wel ar ôl clywed 'ny, fe wedodd Paul Jones, wedd yn yr un criw o ffrindie â fi, 'Hey! Tommo! That would be a good nickname for you.' A dyna beth ddechreuodd y bois alw fi ar ôl 'ny achos mai Andrew *Thomas* we'n i. We'n i'n meddwl bod e'n grêt achos we'n i wastad ishe ca'l rhyw fath o *nickname*. We'n i'n gwbod bod 'da lot o blant eraill yr un oed â fi lysenwe'n barod. Wedd *nicknames* 'da sawl un o fois Llandudoch – bois caled Llandudoch – enwe fel 'Sa' a 'Ty', enwe diddorol wedd 'da fi ddim clem beth we'n nhw'n feddwl na shwt we'n nhw wedi'u ca'l nhw. Ond we'n i'n lico 'Tommo', ac we'n i'n meddwl bod e'n swno'n well nag 'Andrew Paul'. Ac mae'n rhaid i fi weud bod yr enw wedi stico, sneb lot yn galw fi'n Andrew rhagor. Dyw hyd yn oed 'y ngwraig i, Donna, ddim yn galw fi'n Andrew. 'T' ydw i iddi hi, dim hyd yn oed 'Tommo'. A dyw'r enw 'Tommo' ddim 'di stico 'da Gareth Jenkins, sy'n gweitho i ranbarth rygbi'r Scarlets, chwaith; dwi'n bopeth yn ôl hwnnw – 'Bommo', 'Jonno' a 'Nobbo' hyd yn oed – dyw e byth yn gallu gweud e'n iawn, a sai'n credu bod e wedi deall yn iawn 'to mai Tommo yw'r enw reit. Tommo yw e Gareth!

Sai'n siŵr shwt fuodd cymint o ddiddordeb mewn miwsig 'da fi achos wedd dim diddordeb mawr iawn 'da Mam a Dad mewn cerddoriaeth. Falle ddechreuodd y diddordeb pan we'n i'n mynd i'r ffair yn Aberteifi bob blwyddyn. We'n i'n joio mas draw mynd i'r ffair, a cha'l clywed yr holl fiwsig yn whare wrth i bobol ga'l hwyl yn mynd ar y reids. Fe 'nath hynny i fi diwno mewn i raglenni siartie fel wedd ar Radio 1 bob nos Sul. Ma nifer fawr o'r bobol hynny sy wedi mynd 'mlan i ganu'n broffesiynol wedi gweud 'u bod nhw wedi dachre ar y canu drwy berfformo yn y stafell wely gyda brwsh o fla'n y drych pan we'n nhw'n blant. A dyna i chi'n gwmws beth ddigwyddodd yn hanes Tommo. We'n i hefyd yn perfformo cyflwyno'r siartie yn iste ar 'y ngwely i pan we'n i'n fach, yn trial esgus mai fi fydde'r DJ Radio 1 nesa gan iwso brwsh fel meicroffon. Brwsh bach digon cyffredin wedd e, gyda handlen fach goch, alla i weld e nawr. Ond wedd e'n werth y byd i fi bryd 'ny, fanna fydde'n i'n dianc mewn i 'myd bach 'yn hunan, gan freuddwydio un dydd y bydden i'n ca'l neud rhwbeth tebyg yn broffesiynol.

Ar ddiwedd 'y mhumed flwyddyn yn Ysgol Uwchradd Aberteifi, pan wedd hi'n amser i fi adel yr ysgol, dwi'n cofio gweld y *Careers Officer*, Mr Lee, yn y gwasanaeth un bore a dyma fe'n gweud, 'By the way, those of you who aren't coming back to the Sixth Form, there are a few jobs available at the Job Centre if you're interested, one of them being a postman.'

Www, postman, medde fi wrth 'yn hunan. Lico sŵn hwnna. Ac am y tro cynta yn 'y mywyd, fe wnes i fitsho'r wers gynta am naw o'r gloch, ac yn lle mynd i'r wers fe es i lawr i'r Ganolfan Waith yn Aberteifi, er mwyn llenwi'r ffurflen i drial am swydd postman. A dyna ddachre pennod arall yn hanes Tommo bach wedd ar fin tyfu lan.

Pennod 5

Tommo'r pêl-droediwr

Arwyr Maesglas
- top team!

Mae'n rhaid cyfadde bo' fi wedi ca'l llond bola
o'r ysgol erbyn bennu Dosbarth 5 a dyna pam
es i lawr i'r Ganolfan Waith pan we'n i fod mewn
gwers, er mwyn llenwi'r ffurflen i drial am waith fel
postman. We'n i ddim ishe neud dim byd heblaw
byw a gweitho'n Aberteifi, ac fe fydde'r jobyn hyn
yn siwto fi i'r dim heb orfod symud cartre o gwbwl.

Dwi'n cofio'n glir iawn mynd lawr i ga'l y
cyfweliad ar gyfer y jobyn. Bryn Davies wedd yn
cyfweld â fi. Wedd e'n byw ddim yn bell oddi wrtha i
ym Maesglas. Yng nghanol y cyfweliad, ofynnodd e
i fi a we'n i'n whare ffwtbol. 'Odw,' atebes i.

'Have you played for Maesglas before?' holodd
e wedyn. Naddo, wedes i 'nôl. Awgrymodd e wedyn
y bydde fe'n syniad da i fi whare i dîm ffwtbol

Maesglas, achos wedd hanner y postmyn wedd yn
gweitho mas o Aberteifi yn byw ym Maesglas ac yn
whare i'r tîm ffwtbol ar y stad.

Un ar bymtheg oed we'n i ar y pryd, ac yn
ffodus iawn i fi fe ges i'r jobyn fel postman.
Rhyngddoch chi a fi, fi'n credu bod e wedi helpu
bo' fi wedi gweud bo' fi'n fodlon whare ffwtbol i
Maesglas. Ta beth, we'n i wrth 'y modd. A gan bod
hanner y postmyn wedd yn gweitho 'na'n lleol i fi,
we'n i'n lwcus iawn bo' fi'n nabod 'u hanner nhw'n
barod! Wedd 'na fois o bob oedran yn gweitho
'na. Keith a Ken y *twins*; a chymeriade fel Delano
Thomas a John Francis o'r to hŷn; a wedyn bois
wedd yn agosach at 'yn oedran i neu 'bach yn
henach – bois fel Gareth Thomas, Colin James a

John Bryson. Felly we'n i'n teimlo'n gyfforddus iawn ar 'y niwrnod cynta yn y gwaith, ac yn glou ar ôl hynny fe ddechreues i whare ffwtbol i Faesglas. *Back o' the net!*

O'n i wedi bod yn whare ffwtbol i Gilgerran ers pan we'n i'n 14. Gôl-geidwad we'n i, a dwi'n cofio ges i dipyn o gêm ar 'yn gêm gynta achos fe stopes i bob pêl rhag dod mewn i'r rhwyd. Dechreuodd pobol alw fi'n 'The Cat' achos we'n i'n jwmpo i bobman rownd y gôl.

Ond wedd ca'l mynd i whare ffwtbol i Maesglas yn grêt achos we'n i'n nabod shwt gymint o'r bois yn barod, a nawr we'n i'n gweitho 'da nhw – Mike Davies, Colin James, Howard Fedwen Bakery, John Bryson, Peter Williams, Stuart Thomas – allen i fynd mla'n a mla'n. Ces i lot o brofiade 'da'r clwb, yn whare i'r ail dîm a'r tîm cynta. Ac ar ôl tamed bach, es i whare i dîm Aberteifi, achos ges i ddim *run* da iawn 'da Maesglas. Fi'n credu bo' fi wedi gadel gormod o beli mewn i'r gôl!

Nôl yn 1988, wedd tîm Maesglas yn dîm da iawn iawn; we'n nhw'n ennill popeth. Wedd 'da nhw John Llewelyn yn y gôl am un peth. 'Na fachan wedd John Llew, dyna beth wedd gôl-geidwad grêt – wedd e gwastad yn fachan mawr yn fy llyged i. Yn haf y flwyddyn 'ny, ar ôl i fi adel y tîm, fe dda'th Peter 'Twts' Williams o'r clwb lan ata i gan weud, 'Tommo, ni ishe i ti i whare i Maesglas to.'

'Beth?' wedes i, yn ffaelu credu beth we'n i'n clywed. 'Twts, dwi ffaelu whare i chi! Gadawes i 72 o beli mewn i'r gôl tra bo' fi'n whare i chi llynedd!'

Ond fe gytunes i, a 'nôl es i i whare i dîm cynta Maesglas. A da'th llwyddiant i ni yn 1988 a 1989 achos fe enillon ni bob trophy we'n ni'n mynd amdanyn nhw.

Tommo 'The Cat' a Neville 'Baggy' Southall – dou gôl-geidwad briliant gyda'i gilydd

Ma 'na sawl un wedi gweud wrtha i ar hyd y blynydde, 'Ew Tommo, o't ti'n chwaraewr brwnt ar y ca' ffwtbol.' Fy ymateb i i hwnna yw, nago'n! *Cystadleuol* fydden i'n galw fe. Ac ma sawl un wedd yn 'y nabod i ar y pryd, wrth ddarllen beth wedes i nawr siŵr o fod yn gweud 'Celwydde! O't ti'n frwnt ar y ca' a wedd ceg frwnt 'da ti hefyd!' Ma gas 'da fi weud, we'n i yn gweiddi ar y ca' ffwtbol – a rhegi hefyd. Bob tro fydde Mam yn dod i weld ni'n whare, a 'nghlywed i'n dachre, fydde hi'n gweiddi'n groes y ca', 'Andrew! Stopa rhegi!'

Ond we'n i wedi arfer ennill cymaint o gêmau gyda thîm Maesglas, ac yna pan we'n ni'n dachre colli ambell gêm, we'n i'n mynd yn anfodlon iawn. Sai'n lico colli! A wedyn fydden i'n gwylltio!

Beth wedd yn digwydd wedd fydden i'n mynd lawr â 'mhen at dra'd y chwaraewyr er mwyn dala'r bêl wrth iddyn nhw ddod at y gôl. Felly, we'n i'n taclo gyda'n ysgwydde a 'mhen. Ond fydden i'n mynd mewn yn galed, er mwyn hala ofon ar y bois yn y tîm arall.

Dwi'n cofio un tro, we'n i ar y llinell hanner a weles i'r bêl yn dod tuag ata i felly fe dacles i'r boi gyda rhyw fath o dacl rygbi! Fydde hi ddim yn rhy hir wedyn cyn bod y reffarî'n dod draw ata i a gweud bo' fi ddim i fod neud pethe fel'na, a rhoi'r garden felen i fi. Fydden i wedyn, yn trial dod mas o'r sefyllfa gan weud, 'O cym on, reff, dere! Wedd 'y mhen i ar y llawr. Ges i ddolur ar 'y mhen!' Anamal iawn fydde'r tric 'na'n gweitho'n anffodus, cofiwch, ond wedd hi'n werth 'i drial e bob tro, rhag ofon delen i off â hi!

Ma lot fawr o'r chwaraewyr lleol yn cofio sawl stori amdana i – yn enwedig bois Felin-fach, Llandysul, Llanboidy, Llandudoch a thime fel'ny. Yn amal iawn, fydden i'n siarad â'r chwaraewyr yn y gôl, â ninne yng nghanol y gêm. Cyn bod y bêl yn dod draw, fydden i'n gweud wrth y chwaraewr wedd yn dod ata i, 'Fues i 'da dy wejen di neithiwr! Wedd hi'n *horrible*!' Rhyw bethe fel'na fydden i'n gweud er mwyn corddi nhw! Ond fydden i bob tro'n garantîd o safio'r bêl rhag dod mewn i'r gôl 'sen i'n gweud pethe fel'na achos fe fydde rhwbeth arall 'da'r bois ar eu meddylie!

Rhyw dric cas arall fydden i'n neud fydde tynnu siorts y bois lawr wrth bod nhw'n dod yn agos i'r gôl! Fydde hyn yn golygu bo' fi'n gallu dala'r bêl wrth bod nhw'n plygu lawr i dynnu'r siorts 'nôl lan. A synnech chi sawl chwaraewr ffwtbol wedd ddim yn gwisgo pants yn ystod y cyfnod 'ny! Weda i ddim mwy, a sai'n mynd i enwi neb chwaith!

O'n i'n cymharu'n hunan tamed bach â Bruce Grobbelaar wedd yn gôl-geidwad i dîm Lerpwl ar y pryd, achos we'n i'n neud yr un math o bethe dwl ag e. Mae e lan i chi i benderfynu ar ôl clywed y storis 'ma a fyddech chi'n ystyried fi yn chwaraewr brwnt neu beido, ond dwi'n dal i weud mai *cystadleuol* we'n i yn fwy na dim arall. Reit?

Pêl-droed wedd y diléit mwya pan fydde hi'n dod i chwaraeon; mwy na wedd rygbi. Pan we'n i'n 13, dwi'n cofio wedd Mr Williams, neu 'Wes', yr athro yn yr ysgol uwchradd yn Aberteifi ishe i fi whare rygbi. Blaenasgellwr wedd y safle wedd e ishe i fi whare, ond dwi'n cofio mynd i whare'r gêm gynta yn Aberystwyth a meddwl 'Ych-a-fi!' yn enwedig pan we'n i'n ca'l 'y nhowlu ambyti'r lle ac yn diodde rhyw benne tost ar ôl gêm gorfforol galed.

Felly, dwi'n cofio Mam yn gorfod sgrifennu llythyr at Mr Williams yn go glou ar ôl hyn yn gweud bo' fi ddim ishe whare rygbi rhagor ac mai ffwtbol we'n i ishe'i ddilyn. Ond dyn rygbi mawr wedd Wes, ac fe na'th e'n siŵr bo' fi'n gwbod o hynny ymla'n hefyd, achos fydden i'n ca'l 'y nhowlu mewn i'r mwd neu ca'l 'y nhaclo'n galetach na'r arfer.

Ond pwy fydde'n meddwl pan we'n i'n yr ysgol y bydde bachan wedd yn lico ffwtbol gymaint yn ca'l swydd 'da un o glybie rhanbarthol rygbi Cymru ymhen tri deg mlynedd? Fe gewch chi glywed mwy am hynny nes mla'n ...

Pennod 6

Postman Tommo

Pan ddechreues i weitho i'r post, beic bach

wedd 'da fi ar y dachre, wrth gwrs, achos we'n i ddim yn ddigon hen i ddreifo 'to, a wedd 'yn rownds i'n mynd â fi rownd stad Maesglas ble we'n i'n byw, a hefyd i Fro Teifi. Wedd ryw beder rownd 'da fi i gyd.

Dwi wastad yn berson sy wedi gallu neud y tro â rhyw whech awr o gwsg. Felly, wedd codi am dri o'r gloch y bore ddim yn becso taten arna i. Ond ar y dachre, fydden i'n dibynnu lot ar Mam i ddod i ddihuno fi, achos fydden i'n ca'l trwbwl dihuno'n naturiol am dri! A fan'na fydden i wedyn yn eistedd rownd y ford am dri o'r gloch bob bore yn wotsho'r teledu a chladdu 'nghorn fflêcs! Fe ddes i arfer â'r *routine* ar ôl cwpwl o wthnose – ac fe dda'th codi am dri i fecso dim arna i.

Falle bod jobyn postman yn edrych yn jobyn rhwydd i lot o bobol, ond alla i weud wrthoch chi'n onest, dyw e ddim mor rhwydd â fyddech chi'n meddwl. Mae'n jobyn caled. Un o'r tasge cynta wedd yn rhaid i fi neud wedd dysgu enwe'r strydoedd i gyd yn Aberteifi a gwbod ble wedd rhife ambell dŷ a beth wedd enwe tai eraill. Er enghraifft, ym Maesglas dyw rhife'r tai ddim yn dilyn o 1–100 ac yn y bla'n yn gronolegol. Ma rhife'r tai ar y stad dros y lle i gyd, felly dyna pam wedd hi mor bwysig i fi ddysgu ble wedd pob tŷ a phob stryd yn y dre. Ac ma'r bois i gyd sy'n gweithio ar y Post yn gwbod yn iawn be sy'n digwydd lawr yn y ganolfan ddosbarthu. 'Sneb yn helpu'i gilydd pan maen nhw'n fishi'n trial sorto'r llythyre. 'Na'i gyd ma nhw moyn neud yw sorto mas y post yn 'u hardal nhw'u hunen – a bant â nhw – mas ar y rownds! Er mwyn bennu'n gynnar, wrth gwrs. 'Sneb yn whare ambyti! A wedd dim byd gwa'th, coeliwch chi fi, na gweld pawb arall wedi sorto'u post nhw mas a wedi gadel, tra bo' fi'n dal wrthi yn trial sorto 'mhost i mas! Mae YN jobyn caled!

Allen i weud sawl stori wrthoch chi am brofiade bachan ifanc fel postman yn mynd rownd Aberteifi ar gefen ei feic. We'n i'n cwrdd â phob math o bobol. Pan fydde siecs y dôl yn ca'l eu posto mas, fydden i'n ca'l pobol yn ciwo lan ar 'y mhwys i ar y stryd yn aros i fi ffinjo'r amlen wedd yn cynnwys eu siec dôl nhw! Ac ma hynny'n berffaith wir! Ma 'na sawl jôc i ga'l hefyd am ambell i bostman a'i brofiad wrth ddelio gyda chŵn cas. Yr hyn we'n i byth yn 'i ddeall am bobol wedd yn cadw cŵn wedd os wedd y postman yn cnoco'r drws ac yn clywed sŵn y ci yn rhedeg at y drws ac yn cyfarth yn wyllt, we'n i wastad yn gweud wrth 'yn hunan, 'Nawr te, plis paid agor y drws,' achos wedd hi'n bell i redeg 'nôl at y giât os wedd y ci'n digwydd bod yn un cas. Ond fydde'r perchnogion byth yn safio'r postmon druan rhag eu tipyn cŵn nhw.

Pan es i draw â pharsel i stad Erwlas, Parcllyn yn Aber-porth unwaith, fe dda'th hen fenyw fach i'r drws a rhyw gi ffyrnig ar ei hôl hi a do, fe ges i gnoiad. Cnoiad cas hefyd. We'n i'n lwcus iawn bod y trowsus we'n i'n gwisgo y diwrnod hynny wedi'i neud mas o ddefnydd trwchus, yn enwedig o gofio pa bart ohona i wedd y ci wedi mynd amdano! Man ac ardal fach ddelicét iawn wedwn ni, ife? Diolch byth am y trowsus trwchus. A dim ond rhwyg bach ges i ynddyn nhw, felly we'n nhw'n rhwydd i'w reparo! Dwi ddim yn siŵr pam na 'nath y fenyw gloi'r ci mas yn yr iard gefen, cyn agor y drws i dderbyn ei pharsel. Ond 'na fe, ma pobol yn meddwl y byd o'u cŵn ... ac yn becso llai am yr hen bostman.

Fe fues i'n gweitho i'r Post Brenhinol am wyth mlynedd i gyd, a joio'r gwaith a'r cwmni mas draw. Wedd e'n jobyn wedd yn cadw chi'n ffit, achos wedd lot o gerdded yn rhan ohono a wedd hynny'n grêt. We'n i'n ca'l y gore o ddou fyd, gwaith a gweld 'bach o'r byd.

Ond wedd 'na reswm pam adawes i'r gwaith yn y post. Nid achos 'mod i ddim yn lico'r gwaith. Wedd y diddordeb yn neud y disgos wedi cydio tipyn yndo i ers i fi a'n ffrind Paul Jones fod yn neud y disgos hynny yn y sied yn Felingunllo, Llangoedmor.

A phan we'n i'n 14 oed wedodd brawd Mam, sef Wncwl Tim, wrtha i ei fod e wedi prynu set disgo a'i fod e ishe'n help i weitho 'da fe er mwyn 'u neud nhw. Disgos y City Sounds Roadshow. 'Na beth wedd enw! City Sounds Roadshow! Yn Aberteifi? Pam yr enw hynny? Wel, dyna beth wedd yr enw wedd ar yr offer disgo pan brynodd Tim nhw. Ond wedd yr enw'n swno'n posh iawn... 'sach bod dim un 'city' yn agos i ni!

Anghofia i fyth o'r hen gar Renault 12 TL wedd 'da ni i garto'r holl stwff disgo ambyti'r lle a finne'n ca'l mynd 'da fe i helpu bob tro. A we'n ni'n ca'l *bookings* rhyfedda ar gyfer neud disgos, dros y gorllewin i gyd. Felly, wedd e'n golygu tipyn o drafaelu. A sawl nosweth hwyr mas. Gwych!

Dwi'n cofio un nosweth pan ethon ni ar y *booking* cynta i gyd i neud disgo mewn parti yn Hwlffordd. A'r adeg hynny *record players* mawr wedd 'da ni i whare'r miwsig wrth gwrs. Holes i Wncwl Tim beth wedd e ishe i fi neud. 'Wel,' medde fe, 'sefyll 'na a helpu fi gyda'r records. Paso'r un nesa i fi ar ôl i fi fennu 'da'r llall.' Gwd, wedes i wrth 'yn hunan. Jobyn digon rhwydd 'de.

Cyn dachre'r nosweth un tro, ar ôl i ni seto popeth lan am 7 o'r gloch, fe droion ni'r cwbwl mla'n ond fe dorrodd un o'r *record players*! A wedes i wrth Tim, 'Hei – so hwn yn gweitho!'

'Reit, 'na beth 'nawn ni,' wedodd e. 'Pan fydd un gân wedi bennu whare, a tra bo' fi'n trial rhoi'r record nesa mla'n, gei di siarad 'da'r crowd!'

Felly, o saith tan un y nosweth honno, 'na beth fuon ni'n neud! Unwaith wedd un gân wedi dod i ben, fydden i'n siarad nes bod y record nesa'n barod i ga'l i whare. Jiawch, gorffes i neud lot o siarad! Ond yn syth ar ôl y nosweth 'ny, wedes i wrth 'yn hunan, 'Dwi'n lico hyn!'

Chi'n cofio fi'n sôn am Paul Jones, 'yn ffrind i o Langoedmor? Wel, pan we'n ni'n 17 oed fe basodd e 'i brawf gyrru a wedd 'da fe ryw *long wheelbase* Land Rover. Wedd e hefyd wedi prynu offer disgo fyddech chi'n gallu symud o un lle i'r llall. Stwff newydd y tro hyn, dim byd lle fydde'n rhaid i ni roi'r darne at ei gilydd! Ac fe ofynnodd e i fi a fydden i'n lico dod mas ar yr hewl 'da fe yn neud disgos yn yr ardal. Wel, wedd dim ishe cymryd yn hir i feddwl am y peth o gwbwl. Fydden i'n joio. Wedd dim ishe gofyn ddwywaith! Ac fe ddechreuon ni drafaelu rownd yr ardal yn cynnal disgos ymhobman, o Geinewydd i Dre-fach Felindre, a wedd e'n grêt. We'n i'n joio mas draw.

Tra we'n i'n delifro post bob dydd, fydden i hefyd yn DJ-io ambell waith yn yr Angel yn Aberteifi gyda'r nos gyda'r bachan 'ma o'r enw Nigel – 'Uncle Sam' wedd 'i enw DJ fe. Dave Poole wedd yn rhedeg yr Angel ar y pryd, a dyma fe'n gofyn i fi un diwrnod, 'Why haven't you thought about going abroad to DJ? Why haven't you thought about going to Spain?'

Tyrbo-Tommo. Fi a 'nghar newydd cynta yn 1989. O'dd leisens sbeshal gyda fi am y shorts 'na.

'Abroad?' wedes i mewn syndod. Fel 'se Sbaen arall i ga'l yn sir Benfro. We'n i byth wedi meddwl am fynd dros y môr o'r bla'n. We'n i ddim hyd yn oed wedi bod dramor. Dim hyd yn oed ar 'y ngwylie! Wedd Cardi fel fi ishe cadw cymint o'n arian ag we'n i'n gallu yn lle gwario fe ar fynd ar holides i wlad arall.

Wedodd Dave wrtha i wedyn 'i fod e'n nabod rhywun wedd yn byw yn Santa Ponsa, lle bach ar lan y môr yn ne orllewin Mallorca yn Sbaen. Allen i aros gyda'i ffrind am gwpwl o wthnose medde fe er mwyn trial ca'l jobyn DJ-io yn rhai o'r clybie nos. Wedd y syniad yn dachre apelio ata i, ond wedes i wrth Dave y bydden i'n meddwl dros y peth ac yn gadel iddo fe wbod.

Wedd Nigel, neu 'Uncle Sam', yn fwtsiwr wrth ei waith bob dydd, ac fe ges i sgwrs 'da fe am y peth a gofyn a wedd e ishe dod mas 'na 'da fi 'sen i'n penderfynu mynd. A wedodd e y bydde fe.

We'n i nawr yn dachre mynd yn ecseited am yr holl beth, felly es i gatre a gweud wrth Mam bo' fi ishe gadel y Post Offis a mynd mas i Mallorca i weitho fel DJ yn y clwbs! Wel, a'th hi off 'i phen!

'Ma jobyn am byth 'da ti fan'na,' medde hi wrtha i. 'Ac ma'r pensiwn a'r telere'n dda – a ti ishe towlu'r holl beth er mwyn mynd mas i whare miwsig mewn rhyw glwb nos yn Sbaen?'

Na, wedd hi ddim yn hapus, fel we'n i wedi disgwl – wedd y cwbwl wedi dod fel tipyn o sioc iddi.

'O, Mam,' wedes i wrthi. 'Gwranda. Mae'n 1989, ac ma mwy i fywyd 'na phensiwn a phethe fel'na.' Druan o Mam.

Felly, fe benderfynes i mai dyma beth fydde'r antur nesa i fi. Symud dros y môr i fyw – am y tro cynta erio'd – a gweitho fel DJ mewn gwlad ddierth.

A mas 'na es i. Heb *visa* ...

Pennod 7

Señor Tommo

Gyrhaeddes i Mallorca yn Ebrill 1990 yn barod i weitho fel DJ mewn clwb nos, a finne heb *visa*. We'n i ddim yn deall dim am *visas* a phethe ar y pryd. We'n i ddim wedi ystyried bod ishe un arnoch chi os we' chi ishe gweitho mewn gwlad arall. Ond sai'n credu we'n i'n becso lot ar y pryd chwaith.

Wedd Dave Poole 'nôl yn Aberteifi yn nabod rhyw fachan wedd yn byw mas yn Santa Ponsa, ac fe ges i a Nigel aros am fis mewn lle wedd hwnnw'n berchen arno yn El Toro, ryw hanner milltir o Magaluf, tan bod ni'n setlo lawr. Wedd e hefyd wedi rhoi fi mewn cysylltiad gyda ffrind iddo fe – Gabriel Bauza – perchennog nifer fawr o glybie nos yn yr ardal. Wedd Gabriel wedi prynu lot fawr o 'underground carparks' a'u troi nhw mewn i glybie nos yn Santa Ponsa. Wedd, wedd hwn yn dipyn o foi! Es i draw i'w weld e ac fe ofynnodd i fi beth we'n i'n gallu neud. A wedes i wrtho fe, 'Beth bynnag ti moyn,'

Yn anffodus, wedd dim jobyn fel DJ gyda fe i fi ar y pryd achos wedd rhyw foi arall o'r enw DJ Paco wrthi'n neud y gwaith iddo fe – bachan dda'th yn un o'n ffrindie gore i nes 'mlan. Felly fe ga'th Nigel a fi jobyn fel *light jockey*, yn gyfrifol am y goleuade

DJ Tommo a DJ Nige: paratoi
Uncle Sam's Disco i fynd i Sbaen

yn y disgos. Ar ôl rhyw bythefnos o weitho mas 'na, wedes i wrth Nigel bo' fi am fynd 'nôl i Gymru i brynu recordie er mwyn dod â nhw mas i Sbaen; records Madonna ac artistied fel'ny achos we'n nhw ddim ar ga'l mas yn Santa Ponsa ar y pryd. Ar ôl i fi ddod 'nôl i Gymru i brynu recordie, beth we'n ni ddim yn gwbod wedd bod Nigel wedi trial 'i ore i neud i fi golli'n swydd er mwyn iddo fe ga'l yr arian i gyd iddo fe'i hunan. Wedd e wedi gweud wrth Gabriel Bauza bo' fi wedi mynd gatre a bo' fi ddim yn dod 'nôl. A wedd hyn yn dod wrth y bachan we'n i wedi trefnu iddo fe y gallen ni'n dou fynd mas i Santa Ponsa 'da'n gilydd, a'i gyflwyno fe i Gabriel a phopeth. We'n i wedi ca'l tipyn o siom i weud y gwir, achos wedd e i fod yn ffrind i fi. Felly pan gyrhaeddes i 'nôl i Santa Ponsa, we'n i'n gallu gweld bod y bós yn grac. Ond ar y pryd, we'n i ddim yn gwbod pam. A dyma fe'n gweud wrtha i, yn onest iawn, bod 'da fi ddim jobyn rhagor. Gwmpodd 'yn wyneb i'n strêt. We'n i'n teimlo bod popeth we'n i wedi rhoi lan 'nôl gatre – gadel teulu ar ôl a bennu 'da'r Post – wedi bod i ddim byd yn y diwedd.

Nes mla'n y nosweth 'ny, fe fuodd rhyw ymladd yn Santa Ponsa, a wedd e Nigel yn 'u canol nhw yn clatsho. Gadwes i mas o'r ffrwgwd achos we'n i ddim ishe ca'l 'y nal, yn y canol, a chanlyniad yr holl beth; wel, i dorri stori hir yn fyr, fe ga'th Nigel ei deporto 'nôl i Gymru. Ac fe ges i'n swydd i 'nôl. I fod yn onest 'da chi, wedd e'n drueni bod pethe wedi troi mas fel nethon nhw. Ond dyna fel ma bywyd yn mynd ambell waith, a dim ond unwaith dwi wedi gweld Nigel ers y digwyddiad hynny mas yn Sbaen.

Fues i mas yn Santa Ponsa am bedwar mis i ddechre, yn gweithio yng nghlwb nos FAMA, a heb air o gelwydd i chi, dwi'n credu mai mas fan'na

ga'th y Tommo go iawn ei eni. Mas fan'na des i mas o 'nghragen. Bryd hynny sylweddoles i beth we'n i'n gallu neud a hynny ar 'y mhen 'yn hunan. Sylweddoles i fod arna i ddim ofon sefyll o fla'n cannoedd o bobol a siarad â nhw. We'n ni'n becso dim.

Y disgrifiad gore alla i ei roi i chi o beth we'n ni'n neud wedd bod yn *showman*. We'n i'n dachre gwaith am hanner nos. Fydden i'n neud awr o DJ-io yn y clwb i ddachre, ac yna tua dou o'r gloch y bore fydden i'n dachre neud rhyw gêms a chystadlaethe gyda'r bobol ifanc. A fi fydde'n gorfod meddwl am yr holl gystadlaethe a'r gêms i gyd. Wedd e'n bart o'r jobyn. Yn anffodus, achos bod lot o deuluoedd yn mynd i fod yn darllen y llyfyr 'ma, alla i byth â gweud wrthoch chi beth wedd lot o'r cystadlaethe fydden i'n cynnal yn y clwb. Os digwydd i chi weld fi'n rhywle ar 'y nhrafels, yna dwi'n fodlon gweud wrthoch chi beth we'n nhw. Wedd lot o'r gêms yn siwto pobol wedd wedi meddwi ac wedd ddim yn becso o gwbwl am ddim byd. 'Na gyd weda i!

O'dd un gêm we'n i'n whare yn rhwbeth tebyg i Musical Statues. Y wobr am ennill wedd wthnos i ddod 'nôl i Sbaen i aros y flwyddyn wedyn, felly wedd y gwobre yn dda iawn. Pobol o Iwerddon fydde'n dod i Santa Ponsa y rhan fwya'r bryd 'ny, ac fe fydden nhw'n dod am bythefnos. We'n nhw'n amlwg yn gweitho'n galed mas yn Iwerddon am weddill y flwyddyn, achos pan we'n nhw'n dod i Santa Ponsa we'n nhw'n mynd yn wyllt! Fydden nhw'n joio'u hunen mas draw, wedwn ni fe fel 'na. Nawr, yn y gêm Musical Statues 'ma wedd rhaid i'r cystadleuwyr fod mewn cyple, ac wedd rhaid ca'l rhyw whech neu saith cwpwl i gyd. A phawb arall rownd nhw'n watsho i weld beth wedd yn digwydd yn y gêm. Wedd y rheole yr un peth â gêm o Musical Statues arferol – pan wedd y miwsig yn stopo, we'n nhw fod i aros yn llonydd! Ond we'n i'n ca'l rhoi 'y nwylo i ble bynnag we'n i mo'yn tra bod y miwsig wedi stopo. Ac ambell waith wedd glased llawn o iâ 'da fi – ac we'n i'n gallu rhoi'r iâ lle bynnag we'n i moyn. A falle wedd pâr o siorts yn slac 'da rhai o'r bois ambell waith, felly lawr â nhw at eu pigyrne, o fla'n pawb! A gan fod y wobr mor dda, fydde neb yn mentro symud, neu fe fydde nhw mas o'r gêm. Bydde'r gêm yn mynd 'mlan nes bod un cwpwl ar ôl. Sai'n mynd i weud mwy wrthoch chi. Gewch chi jyst dychmygu beth wedd yn digwydd! Jiw fe gelon ni sbort …

Anamal iawn fydden i'n gweitho yn ystod y penwthnose. Bryd 'ny fe fydde'r *locals* yn dod mewn i'r clybie hefyd, ac we'n nhw byth yn 'y neall i, achos bo' fi'n siarad Saesneg. Wel, siarad Saesneg 'da acen Aberteifi! Felly, bob penwthnos wedd Gabriel y bòs yn hala fi draw i Magaluf i weld beth wedd yn digwydd fan 'ny i ga'l cwpwl o syniade am bethe eraill fydden i'n gallu neud 'nôl yn Santa Ponsa. A dyna'r lle gore i fynd ar y penwthnos, felly we'n i'n hapus. Ac ar ben y cwbwl wedd Gabriel yn rhoi arian i fi i fynd mewn i'r clybie yn Magaluf er mwyn whilo am syniade newydd. Allen i byth â cwyno! Ca'l 'y nhalu i fynd i glwbo? Briliant!

Mae'n siŵr bo' chi'n meddwl wrth ddarllen amdana i mas yn yr heulwen bo' fi'n byw bywyd bras. Wedd, wedd hi'n grêt byw mas yn yr haul, ond wedd e hefyd yn waith caled iawn, ac wedd gofyn i fi ga'l lot fawr o egni. We'n i'n blino lot, ac yn teimlo'n sychedig o hyd, a finne'n meddwl mai mynd yn sychedig achos y gwres we'n i. Ond dim ond rhyw bum mlynedd yn ôl ffindes i mas yn iawn

Y bwtshwr a'r postmon, Nigel a fi ar fin rhoi popeth lan i ddod yn DJs yn Sbaen a byw'r freuddwyd

beth wedd yn achosi'r blinder a'r syched mawr pan we'n i'n byw mas 'na, ond dwi'n cadw'r hanes 'na ar gyfer pennod arall nes ymla'n.

Mae'n siŵr bo' chi'n meddwl wrth ddarllen y bennod hon bod hi'n beth od na chafodd Tommo ei ddal heb *visa* pan a'th e mas i Sbaen. Wel, fe ges i 'nala! Ddwywaith … gan yr un plismon. Fe dda'th e lan ata i ar y tra'th un diwrnod ddim yn hir ar ôl i fi gyrraedd 'na ym mis Ebrill. Fuodd e'n whilo am ryw fath o ddogfenne wedd 'da fi, ond ffindodd e ddim byd, ac we'n i'n trial gweud wrtho fe mai ar 'y ngwylie we'n i – ond yn Gymra'g. We'n i dal i siarad Cymra'g 'da fe bob tro fydde fe'n trial gofyn cwestiwn i fi, ac yn y diwedd, fi'n credu ga'th e lond bola, a bant â fe. A des i bant â hi!

Ym mis Awst yr un flwyddyn gwrddes i â'r un plismon unwaith 'to – na beth wedd lwc wael! Dwi'n cofio fe'n gweud wrtha i, 'I've seen you before. I saw you and questioned you a couple of months ago.' Fe ddechreues i acto'n dwp 'to a trial siarad Saesneg 'da fe mewn ffordd lle fydde fe'n meddwl bo' fi ddim yn gallu siarad yr iaith. Felly 'na'r cwbwl alles i feddwl gweud wedd, 'I have rich parents. We have many holidays!' Ac fe ges i fynd off 'dag e unwaith 'to. Whare teg i'r hen blisman bach.

Ddim yn hir ar ôl y digwyddiad bach 'na, wedd hi'n amser i fi fynd gatre. 'Nôl i Aberteifi. Gan bo' fi'n un sy'n lico whare jôcs ar bobol, fe ffones i Mam, wedd ddim yn gwbod bo' fi'n dod adre. 'Helo Mam,' wedes i. 'Ody popeth yn iawn?' We'n i'n gallu'i chlywed hi'n llefen ar ben arall y ffôn fel wedd hi wastad yn neud achos wedd hi'n gweld 'yn ishe i. 'Paid â becso nawr,' medde fi wedyn. ''Sdim yn hir 'da ti aros nawr, fydda i 'nôl 'da chi cyn bo hir …'

'Pryd wyt ti'n dod gatre 'de? gofynnodd Mam.

'Mewn tua mis,' wedes i. 'Shwd beth yw'r tywydd 'na?'

'O diflas,' medde hi 'nôl wrtha i.

'Ti'n siŵr nawr?' medde fi 'to. 'Edrych mas drwy'r ffenest i weld a yw hi'n bwrw glaw.'

Ac wrth iddi fynd i edrych mas drwy'r ffenest i weld a wedd hi'n bwrw glaw – fan'na we'n i'n sefyll yn siarad â hi o'r ciosg gyferbyn!

'Na hen jôc fach gas i whare ar 'yn fam falle. Ond un fel'na ydw i, lico tynnu co's. Wedd Mam mor falch i weld fi gatre. A finne'n falch i ga'l bod gatre hefyd.

Cofiwch chi, fe wnes i whare un jôc fach arall ar Mam a Dad yn y nawdege hefyd, pan ethon nhw ar 'u gwylie dros y dŵr am y tro cynta i Palma Nova yn Sbaen. We'n nhw wedi bod bant am wthnos, a'r diwrnod ddelon nhw 'nôl i Maesglas, gelon nhw sioc ofnadw pan welon nhw'r siape wedd ar y tŷ. Wedd paent gwyn wedi'i beinto tu fewn i'r ffenestri, fel chi'n gweld fel arfer yn ffenestri siope sydd wedi cau. Ac ar y porfa tu fas y tŷ wedd un o'r seins 'na sy'n dangos bod eich tŷ chi ar werth – ond wedd 'SOLD' wedi'i sgwennu ar dop hwn, hefyd. We'n i wedi bod yn fishi! Ac we'n i'n wherthin 'yn socs i bant pan weles i nhw'n dod mas o'r car a gweld y sein tu fas! I neud pethe'n wa'th, we'n i wedi gadel allwedd y tŷ yn y drws tu fewn hefyd ac wedd hynny'n golygu pan roiodd Mam 'i hallwedd yn nhwll y clo wedd dim modd 'i agor. Fe gelon nhw 'bach o banics! Wedd Mam yn hollol iawn pan wedodd hi bo' fi'n fabi 'melltigedig', a wy'n credu bod 'bach o ddiawlineb yn dal i fod yndo i heddi!

Tommo'r torrwr beddau

Pan ddes i 'nôl o Sbaen ar ôl yr haf cynta mas 'na, dwi'n cofio bod Bill ac Angie, wedd yn rhedeg y Wine Bar yn Aberteifi, wedi gweud wrtha i y dyle ni brynu cit disgo'n hunan, a tasen i'n neud yna gelen i gwpwl o gigs gyda nhw yn y bar. Feddylies i y bydde neud gigs 'na bob wthnos yn grêt i fi. A 'na beth 'nes i. Es i lawr i Ben-y-bont ar Ogwr i brynu'r offer disgo gyda Cardiff M Disco – a dwi'n dal i iwso peth o'r offer 'na hyd heddi. Ond pan ddes i â'r cwbwl gatre o Ben-y-bont, wedd dim syniad 'da fi shwt wedd dim ohono fe'n gweithio! Wedd dim compiwtyrs a *smartphones* i ga'l yr adeg hyn, a gofies i wedyn falle y galle'n ffrind Paul 'yn helpu i, felly fe ffones i fe ac fe arweiniodd e fi drw'r broses o seto popeth lan dros y ffôn, tan bo' fi'n llwyddo i ga'l sŵn mas o'r system.

A whare teg i'r hen Bill yn y Wine Bar, fel wedd e wedi addo, fe i ges i gigs 'da fe bob nos Iau. Ie, nos Iau. Mae'n swno fel nosweth od i ga'l disgo, ond heb air o gelwy', nos Iau wedd noson fwya bishi'r wthnos yn y bar. Wedd cannoedd yn dod 'na i enjoio bob nos Iau, a wedd cannoedd wedyn ddim yn mynd i'w gwaith ar ddydd Gwener achos we'n nhw wedi joio cymaint y nosweth cyn hynny. We'n i'n joio gweitho 'na. Fydde lot o ddanso ar ben fordydd yn digwydd, ac fe fydde ambell i nosweth yn troi mas i fod yn eitha gwyllt. Gweitho o 8 tan 11 fydden i'n neud fel arfer, ond wedd hi mor fishi 'na ar nos Iau fel bo' fi'n gorfod dod i seto popeth lan amser cino. Fe fydde hi wedi bod yn dipyn o job i drial cario'r cit disgo mewn am 8 o'r gloch pan fydde hi'n orlawn a dim lle i symud. Wedd hi'n anodd credu cymaint o bobol wedd yn mynd 'na.

O'dd dim gwaith cyson 'da fi ar ôl dod 'nôl o Sbaen, wrth gwrs. Dwi erio'd wedi bod yn un sy jyst yn cymryd un dydd ar y tro, fel ganodd Trebor Edwards un tro, yn enwedig pan mae'n dod i waith. Dyw cynllunio beth fi'n neud nesa erio'd wedi bod yn bwysig i fi. Ma 'da fi agwedd fel hyn: os daw rwbeth, wel fe ddaw rwbeth. A fel'na dwi wedi neud ers blynyddoedd.

Yn syth pan ddes i gatre, wedodd Dad wrtha i un bore, 'Andrew, 'so ti'n mynd i ga'l diogi yn y tŷ drw'r dydd! Bydd rhaid i ni ffinjo gwaith i ti!'

Ar y pryd wedd Dad yn gweitho i Gyngor Sir Ceredigion neu Cyngor Sir Dyfed fel wedd hi bryd hynny, a fe wedodd e, 'Reit, fi'n mynd i roi swydd i ti. Byddi di'n dachre ddydd Llun.'

Felly, we'n i'n mynd i ga'l gweitho yn y Cyngor Sir lawr yn Aberteifi. Jobyn fydde'n ddigon agos i gatre 'to, a jobyn gwahanol i beth we'n i wedi neud o'r bla'n. 'Sdim erio'd wedi bod ofon gwaith arna i, felly we'n i'n edrych mla'n.

Dwi'n cofio'r dydd Llun 'na'n glir iawn. Ges i bâr o *hobnail boots* a *donkey jacket* i wisgo. A 'na beth wedd gwanieth o'r siorts a'r cryse-T yn Sbaen! Ac we'n nhw'n dwymach hefyd. Wedd y gwaith ges i

'da'r cyngor; wel, wedd digon o amrywiaeth i ga'l yn y jobyn. We'n ni'n neud pethe fel torri beddau, torri porfa, glanhau'r stryd, casglu sbwriel o'r meysydd carafanau – wedd dim ofon neud dim byd arna i. I weud y gwir, we'n i'n joio neud e hefyd, pob dim o'r gwaith.

O'dd y jobyn o dorri beddau yn un diddorol iawn iawn. Wedd JCB yn dod gynta fel arfer i greu'r twll i ni – wedd dim rhaid i ni fod yn ceibo am orie i neud twll dwfwn! Wedd dou ohonon ni o'r cownsil 'na fel arfer yn mynd i deidio lan ar ôl y JCB, trimo rownd yr ochre a neud yn siŵr bod y prennau mewn yn y twll yn barod. We'n i'n neud yn siŵr bod jobyn alle fod yn drist a diflas yn llawn hwyl i ni, neu allen i byth â cario mla'n.

Y partner wedd 'da fi fel arfer pan we'n i'n mynd i dorri beddau wedd Gippy. 'Na beth wedd cymeriad! Wedd e lot yn henach na fi. A gweud y gwir, sai'n siŵr faint wedd 'i oedran e – ond wedd e'n agosach i'r twll na fi, wedwn ni fel'na! Wedd, wedd Gippy'n gymeriad a hanner. Neu Gippy Fanny fel we'n i a phob un arall yn ei alw fe. I weud y gwir wrthoch chi, sai'n siŵr beth wedd 'i enw iawn e. Ond Gippy Fanny wedd e i bawb – a chyn bod rhai ohonoch chi'n dachre chwerthin a neud rhyw storis mochedd lan eich hunen – Gippy Fanny wedd 'i enw e achos ma Fanny wedd enw'i fam! Wedd e'n llawn rhegfeydd o hyd. Lot mwy na fi. Na, wir nawr. Wedd e ddim yn lico talu am ddim byd. Os we' chi'n digwydd sôn am y *poll tax* 'da fe, bydde fe'n colli'i natur yn strêt!

Pan we'n i wrthi'n paratoi i deidio bedd un diwrnod, wedodd Gippy, 'Tommo, cer lawr fan'na!'

'Nagw i,' wedes i 'nôl wrtho fe'n glou. 'Cer di lawr. Ti'n agosach i fynd fan'na na fi – *so go on* – cer!' A lawr â fe.

Mae'n rhaid i chi gofio nawr bo' fi wastad yn lico whare jôcs ar bobol – felly pan a'th Gippy lawr yr ysgol i'r twll, dryches i ar 'yn watsh, ac wedd hi'n rhyw chwarter wedi deg – amser te! Dyma fi'n tynnu'r ysgol 'nôl lan o'r twll, gan adel Gippy mewn twll!

'Gippy? Fydda i 'nôl nawr!' waeddes i lawr ato fe. Ac es i draw am goffi i'r Llew Du yn Aberteifi at Jan a Ron Antoniazzi.

'Ody popeth yn iawn, Tommo? Shwd wyt ti 'de?' medde Jan wrtha i.

'Odi – popeth yn iawn diolch,' medde fi wrthi. 'Dwi 'nôl o Sbaen am bach nawr, ond dwi'n torri bedde lan yn y fynwent ar hyn o bryd 'da Gippy.'

'O, ble ma Gippy 'de?' wedodd Jan wedyn.

'O, ma fe lawr yn y twll,' atebes i.

'Ti wedi'i adel e 'na?' medde hi. Wedd hi ffaelu credu bo' fi wedi gadel 'rhen Gippy druan yn y twll, a dim ffordd 'da fe o ddod mas o 'na!

Wedd hi'n hanner awr wedi deg pan edryches i ar 'yn watsh, a feddylies i wrth 'yn hunan falle bod hi'n werth i fi fynd 'nôl i'r gwaith. Ac wrth i fi gerdded heibo Tafarn y Drawbridge, ma fi'n gweld criw o bobol wedd yn amlwg ar eu gwylie yn Aberteifi yn edrych fel 'se nhw wedi ca'l ofon.

'What's the problem? Are you okay?' ofynnes i iddyn nhw.

'There's a voice coming from a hole in the cemetery,' medde un ohonyn nhw'n llawn nyrfs. 'Is there?' medden i, yn gwbod yn iawn pwy we'n nhw wedi'i glywed yn gweiddi, siŵr o fod.

Felly 'nôl â fi i'r fynwent – i achub Gippy o'r twll, druan! Wel, 'na beth wedd rhegi pan gyrhaeddes i fe! Alla i byth ag ail-adrodd dim wedodd e yn y llyfyr 'ma! Rhegi? We'n i ffaelu credu 'nghlustie,

wedd cymaint ohonyn nhw! Ond 'nath e fadde i fi nes mla'n achos we'n i wedi dod 'nôl â the a chwpwl o gacs iddo fe. Nes mla'n wedd e'n wherthin wrth gofio 'nôl, felly we'n i'n gwbod 'i fod e'n gweld yr ochor ddoniol o'r jôc. A diolch byth am 'ny, achos dyna wedd 'yn ffordd i o neud y jobyn yn lot mwy o sbort na beth alle fe fod, ond fydden i ddim yn lico ypseto neb, wel ddim gormod ta p'un 'ny.

Ym mis Mawrth 1991 wedyn ces i alwad ffôn gan Gabriel Bauza o Santa Ponsa unwaith 'to, yn gofyn i fi fynd i Sbaen am dymor arall. Ac wedd hi'n anodd i fi droi'r cyfle lawr, felly 'nôl i Santa Ponsa es i. Ond wedd hi'n adeg y rhyfel mas yn Irac ar y pryd, ac fe fwrodd e Santa Ponsa'n eitha gwael. Wedd tipyn o filwyr yn ca'l eu gweld mewn sawl maes awyr drwy Ewrop i gyd, ac yn ôl pob sôn wedd mynd dramor ar holides ddim yn apelio at bobol gymaint ag wedd e cyn i'r rhyfel dorri mas.

Felly pan es i 'nôl i Santa Ponsa, wedd hi'n haf tawel iawn 'na. Wedd y *crowds* we'n i wedi arfer â nhw'r flwyddyn cyn 'ny, ddim wedi dod 'nôl. Dwi'n cofio neud fideo o'r tra'th ym mis Mehefin a hwnnw bron yn wag. Ac fe es i'n *bored* mas 'na, ac we'n i'n gwbod mai dyna'r haf ola fydden i yno. Fues i'n glanhau'r gole yn y clybie, a glanhau'r clwb i gyd hefyd, ond wedd e'n waith we'n i ddim ishe neud mas yn Sbaen achos alle fe fod yn math o waith allen i neud 'nôl gatre, ac unwaith 'to wedd 'da fi ddim *visa*! Felly des i 'nôl gatre i Aberteifi yng Ngorffennaf 1991. Ac wedd rhaid whilo am jobyn unwaith 'to.

Pennod 9

Tommo'r tafarnwr

Ar ôl i fi gyrra'dd 'nôl i Gymru feddylies i wrth 'yn hunan, 'Beth alla i neud nawr 'de?' Felly es i ofyn i Dad unwaith 'to a wedd jobyn yn dal yn mynd 'da'r cownsil allen i ga'l. Ac, wir, fues i 'nôl yn gweitho 'da'r cownsil am damed bach, ond we'n i ishe neud rhwbeth newydd, gwahanol. We'n i ishe rhedeg tafarn, ac fe es i siarad gyda bachan o'r enw Nick Laing. Fe wedd yn rhedeg yr Angel yn Aberteifi, ac yn agos i dri deg o lefydd tebyg eraill hefyd. Fe roiodd e jobyn i fi yn gweitho yn y Ship yn Aberteifi yn neud disgos 'na, ac yn gweitho tu ôl i'r bar hefyd. Yr unig beth am weitho 'na wedd we'n i'n gweld pobol mewn sawl math o gyflwr jyst mewn un nosweth. We'n i'n 'u gweld nhw am saith o'r gloch: 'Helo Tommo. Shw mae? Ti'n olréit? Peint o lager 'de plis.' Wedyn, erbyn 9.30, we'n nhw'n dod lan ata i yn gweud: 'Heeeeeei! Tommo! Peint o lager! Nawr!' ac yna pan wedd *last orders* am 11, 'na fe wedyn, fydden nhw'n mynd 'bach yn fwy amharchus, achos we'n nhw wedi ca'l gwd bolied. Ac we'n i'n gweud wrthyn nhw: 'Hei, bois! So chi'n ffrindie 'da fi rhagor 'de?' Wel, wedyn, fydde nhw'n gweiddi'n uwch, ac yn gweiddi pob math o bethe

ata i hefyd. Wedd hwnna'n blino fi, ma'n rhaid i fi weud. Ambell waith wedyn fydde 'na riff raff yn cyrradd tua 10.45, a wedyn fydde dim modd ca'l 'u gwared nhw tan tua 11.30 a thu hwnt.

Ond tra 'mod i'n gweitho yn y Ship, we'n i'n ca'l cyfnode o deimlo'n flinedig 'to – blinder achos yr orie gwaith we'n i'n feddwl wedd e ar y pryd, ond fe stices i drwyddi achos we'n i wir yn joio'r gwaith. We'n i'n teimlo mai dyna wedd y jobyn i fi, ac fe fues i 'na am ryw dair neu beder blynedd i gyd, siŵr o fod.

Ond we'n i'n teimlo bod gweitho tu ôl i'r bar yn gallu bod yn bach o *mug's game* neu *single man's game*, ac erbyn y diwedd we'n i wedi ca'l llond bola 'na. We'n i 'na nos Lun, nos Fercher, nos Iau, nos Wener a nos Sul. Ac wedd hi'n amser i fi symud mla'n i neud rhwbeth arall.

Es i lawr i'r Job Centre, ac fe weles i bod jobyn rheolwr yn mynd yn Motor World yn Aberteifi; siop fawr wedd yn gwerthu popeth ar gyfer y car, o baent i olew, ac o weipars i *furry dice*. *Manager*, feddylies i. Dria i am hwn!

Ffones i'r cwmni i drial ca'l mwy o wybodaeth, a wedon nhw fod 'na un lle ar ôl ar gyfer ca'l cyfweliad. Felly, es i draw i ga'l cyfweliad gyda Steve Labbett a Dai Halsey, dou fachan o Abertawe wedd yn gyfrifol am y siope yn y gorllewin. Ofynnon nhw i fi'n gynta a wedd 'da fi unrhyw brofiad o weitho gyda ceir. 'Na,' wedes i wrthyn nhw.

'Do you know what a distributor cap is?' wedd y cwestiwn nesa. A 'na' wedd yr ateb unwaith 'to. Ac fe dda'th hi'n glir iddyn nhw bod 'da fi ddim lot o syniad beth wedd y gwahanol bartie wedd ar geir, a beth we'n nhw'n neud.

Ddoe a heddi:
Tommo brenin y
disgo o hyd

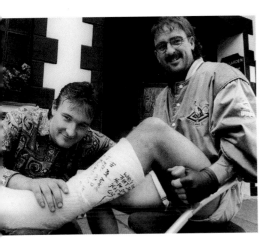

Tip Tommo i'r top: os ewch chi i weitho mewn tafarn, peidwch cwmpo drwy trap-door y seler fel 'nes i yn y Ship

Trip mas o'r Ship – joio yn Alton Towers

Ond wedes i wrth y ddou yn y cyfweliad 'mod i'n gallu gwerthu. Wedd digon o gatalogs yn y siop, ac allen i esgus bo' fi'n gwbod beth wedd y partie. Ond delen i i ben â'u gwerthu nhw yn y diwedd, achos we'n i'n gwbod nad *beth* we'n i'n gwbod wedd yn bwysig, ond *shwt* we'n i'n gwerthu pethe. A dyna beth wedd y cwmni'n whilo amdano mewn rheolwr ar gyfer y siop yn y pen draw, siŵr o fod ... achos fe ges i'r jobyn! Ac wedd pob un we'n i'n nabod yn wherthin bo' fi wedi ca'l y job achos we'n nhw'n gwbod bod 'da fi ddim clem am geir! Ond we'n i'n gwbod shwt i gadw'r siop yn lân, shwt i ordro stwff newydd ar gyfer y siop, shwt wedd 'u gwerthu nhw ac fe ddes i hyd yn oed i ddysgu beth wedd y gwahanol rannau i'r ceir yn y pen draw. Do, fe ddes i ddysgu yn y diwedd os wedd angen *distributor cap* arnoch chi, yna wedd yn rhaid i chi ga'l *rotor arm*, a fydde man a man ca'l *plugs* newydd wedyn hefyd. A *plug leads*. Chi'n gweld? Fi'n siarad fel tasen i'n gw'bod am beth dwi'n sôn. A fel'na we'n i'n gweitho – trial ffindo mwy nag un peth i werthu ar yr un pryd!

We'n i hefyd yn gorfod gweitho ar ddydd Sul yn y siop. A phryd 'ny, wedd hi'n gallu bod 'bach yn dawel 'na. Wedd 'y nghar i wedi parco tu fas, a beth wedd yn handi wedd, 'mod i'n gallu rhoi polishad bach i'r car, a'i olchi fe hefyd tra bo' fi yn y gwaith.

Ond unwaith 'to joies i yn Motor World. Wedd e'n waith gwahanol i beth we'n i wedi'i neud o'r bla'n. A beth we'n i'n gweld yn anodd wedd ca'l pobol yn gweitho odana i, achos dwi wastad yn trial trin pob un fel ffrind, ta pwy ydyn nhw a ta beth yw eu gwaith nhw. We'n i'n meddwl, achos bo' fi'n ffrindie gyda'r bois wedd yn gweitho 'da fi yn y siop, 'u bod nhw'n 'yn neall i a'r ffordd we'n i'n lico gweitho. Ond achos bod nhw'n nabod fi, a'r ffordd we'n i'n 'u trin nhw, we'n nhw wedyn yn cymryd mantais, drwy 'neud pethe fel peido dod mewn i'r gwaith tan tua hanner awr wedi naw, pan we'n nhw fod na am naw a rhyw bethe fel 'na. Ac ambell waith, pan wedd un neu ddou ddim yn troi lan i'r gwaith o gwbwl, fydden i'n gorfod mynd lan i'r tŷ i'w hôl nhw er mwyn dod â nhw lawr i'r gwaith. Felly, na, sai'n credu bod jobyn fel rheolwr wedi siwto Tommo gystal â we'n i wedi disgwyl.

Pennod 10

PC Tommo

Tua'r cyfnod we'n i'n gweitho yn Motor World, feddylies i hefyd y bydde hi'n grêt 'sen i'n ca'l profiad o fod yn *copper* – yn blisman! Wedodd un o'n ffrindie i y bydde fe'n well i fi fynd yn *Special Constable* yn gynta, fel bo' fi'n gallu gweld shwt beth wedd bod yn y polîs. Fydden i'n ca'l 'yn nhalu a cha'l dillad bron yr un peth â plisman go iawn. Wedd e'n swno'n grêt i fi.

Es i lan i Gaerfyrddin wedyn i ga'l bach o 'draining' am ryw whech wthnos, cyn gallu gweitho fel 'Special'. Pam, dwi ddim yn rhy siŵr, achos we'n i'n fanijyr yn Motor World ar y pryd a digon o gyfrifoldeb 'da fi. Ond 'na fe, we'n nhw'n gofyn i chi neud o leia un shifft yr wthnos – fel arfer o whech y nos tan un yn y bore wedyn. Ma'n rhaid gweud bo' fi wedi ca'l lot fawr o brofiade tra bo' fi'n gweitho fel 'Special'. Ma 'na sawl stori allen i 'u hadrodd, ond smo nhw'n addas i'w rhoi mewn llyfr fel hwn, a hefyd gan 'u bod nhw'n delio gyda materion sensitif yr heddlu.

We'n i'n gweitho 'da sawl cymeriad yn Aberteifi. Psycho wedd enw un – 'na beth wedd e'n ca'l 'i alw, er alla i ddim dychmygu pam. A Gary Jenkins wedd un o'r lleill. Bois grêt i weitho 'da nhw.

We'n nhw'n *old school* fel ma'n nhw'n gweud. A sawl stori dda 'da nhw i weud.

Un o ddigwyddiade mawr tre Aberteifi bob blwyddyn yw Sadwrn Barlys, sy'n digwydd yn y dre ar ddiwedd mis Ebrill. Fi'n credu mai Sadwrn Barlys wedd y diwrnod wedd ffermwyr yn arfer dathlu bod nhw wedi aredig y caeau ar y fferm, a bod yr hade yn y pridd – yn barod i dyfu. Ac ma sioe geffyle yn digwydd yng nghanol y dre hefyd, a cheffyle o bob math yn ca'l yn rhedeg lan trw' strydo'dd y dre a'r lle'n llawn o bobol yn clapo i ddangos faint ma'n nhw'n meddwl o'r anfeilied.

O'n i'n digwydd bod ar *traffic duty* ar bont Aberteifi ryw flwyddyn adeg Sadwrn Barlys, ar bwys y castell, a phwy dda'th lan dros y bont, neb llai na hen ffrindie fi, dwi'n meddwl y byd ohonyn nhw, Richard a Wyn Jones o gwmni Fflach. Bois Ail Symudiad. Wel, we'n i fod i acto'n gall tra bo' fi'n comando'r traffig dros y bont, ond we'dd dim gobeth gyda'r ddou 'na'n edrych arna i! A'th hi'n rhemp ...

Ond fe fues i'n 'Special' am ryw flwyddyn a hanner i ddwy flynedd yn y diwedd. Ar ôl hynny, do'n i ddim ishe bod yn gwnstabl rhagor. Yn ystod yr amser ges i brofiad na' anghofia i fyth mohono fe. Gethon ni alwad i fynd mas un nos Fercher, draw i Gapel Iwan ar bwys Castellnewydd Emlyn. We'n i erbyn hynny'n ca'l dreifo car yr heddlu hefyd, felly bant â fi a phlisman llawn amser 'da fi draw i Gapel Iwan yn ole glas a sirens i gyd. Wedd 'na achos o *threats to kill* 'na, ac ar ôl i ni gyrradd y lle yng Nghapel Iwan fe wedodd y plisman arall wrtha i y bydde fe'n mynd mewn i siarad â'r fenyw wedd yn ca'l 'i bygwth. Ac fe wedodd e wrtha i os wedd y bachan wedd yn neud y bygwth tu fas i'r tŷ, yna wedd yn rhaid i fi aros mas 'da fe!

'Ym, nawr, *hang on*,' feddylies i wrth 'yn hunan! Aros tu fas 'da bachan wedd mewn achos *threats to kill*? Smo hwnna'n swno'n glefyr iawn.

Ta beth, ar y pryd we'n i'n smoco hefyd, cwpwl o *rollies* y dydd. Dwi ddim erbyn hyn, gyda llaw, rhaid mai rhyw *phase* bach dwl wedd e. Ta p'un 'ny, we'n i'n dal i iste yn y car, ac fe ddechreues i baratoi ar gyfer mynd i siarad â'r dyn os wedd angen. Fe dynnes i 'nhei off, y lapels, y gwregys hefyd, a'r baton chwe modfedd we'n i'n cario hefyd, wel, fe roies i hwnnw yn 'y mhoced i, rhag ofon fydde'i ishe fe. A draw â ni at y tŷ. A'th y plisman wedd 'da fi i siarad gyda'r fenyw wedd wedi'n ffono ni, ond fe weles i 'i gŵr hi'n cerdded rownd yr ardd wedd ar bwys, yn cario cyllell.

Wedd hwnna'n dipyn o brofiad, gweld bachan yn cerdded rownd yr ardd gyda chyllell alle neud lot o ddamej! Ond fe gadwes i'n cŵl ac fe es i iste lawr ar ddarn o goncrit yn yr ardd, fel rhyw stepen fach. 'Hey,' wedes i wrtho fe yn Saesneg, achos bod e ddim yn deall Cymra'g. 'Come over here, come and sit over here.' Ond na'th e ddim iste lawr. Fe rolies i sigarét tra'i fod e'n cerdded rownd i fi, gyda'r gyllell yn dal yn 'i law.

'C'mon,' wedes i wrtho fe 'to. 'What's wrong? Look, have a cigarette.' Ac fe rolies i un arall lan iddo fe. Ac yn glou ar ôl 'ny, fe dda'th e i iste lawr. 'Give me the bloody knife,' wedes i wrtho fe 'to. 'You use that to cut bread, what's wrong with you?'

Unwaith roiodd e'r gyllell i fi, fe dowles i hi'n bell mas o'r ffordd. Ac fe fues i'n iste 'da'r bachan am hanner awr siŵr o fod. Dries i ddod lawr i'r un lefel â fe, ond ma'n rhaid i fi gyfadde, we'n i'n cachu brics! Ges i dipyn o ofon. Ac o'r foment 'ny mla'n, we'n

Chi'n mynd lawr!
PC Tommo ar y beat.

i'n gwbod fydden i byth yn mynd mas fel *Special Constable* 'to.

Da'th y plisman arall mas o'r tŷ wedyn a gweud 'i fod e'n mynd i fynd â'r dyn o Gapel Iwan i'r steshon yng Nghaerfyrddin, a gofynnodd i fi iste yng nghefen y car gyda'r dyn. 'Nadw i,' wedes i wrtho fe. 'Ti sy'n ca'l dy dalu'n dda i neud jobsys fel hyn. Ddreifa i!'

A fel'na fuodd hi. Fe ddreifes i'r holl ffordd i'r steshon yng Nghaerfyrddin, gyda'r plismon a'r dyn wedd â'r gyllell yn basinjyrs i fi! Ac fe roion ni fe mewn yn un o'r cello'dd dros nos. Fe gafodd e 'i symud i Lunden y diwrnod wedyn. 'Na beth wedd nosweth! Rai blynyddoedd wedyn fe glywes i bod y dyn wedd â'r gyllell wedi lladd rhywun yn Llunden, ac fe halodd hwnnw lond twll o ofon arna i bryd hynny hefyd.

Ond ar ôl i fi benderfynu mai dyna fydde'r shifft ola i fi fel *Special Constable*, weles i ddim ishe'r gwaith, ddim am funud. Dwi'n meddwl bod y gwaith ma'r heddlu'n 'i neud bob dydd yn waith arbennig o dda, ac ma'n cymryd person dewr iawn i neud y gwaith ma'n nhw'n neud – ond wedd e ddim i fi. A sai'n siŵr a we'n i'n lico'r syniad o fod yn PC Andrew Thomas chwaith. Wedd DJ Tommo'n swno'n well!

Tommo'r bwtshwr

Yng nghanol hyn i gyd, wedd pethe wedi dachre digwydd yn 'y mywyd personol. We'n i wedi cwrdd â merch ac wedi priodi, ond yn anffodus, fel sy'n digwydd i rai cyple ambell waith, ma'r briodas yn mynd trwy gyfnod anodd, ac fe benderfynon ni ddod â'r berthynas i ben, a cha'l ysgariad.

Erbyn 'ny hefyd we'n i'n barod i adel Motor World. Wedd ishe jobyn hollol, hollol wahanol arna i. Felly, fe es i weithio at y bwtshwr Dewi James; cwmni teuluol o dre Aberteifi sy wedi bod ambyti'r lle ers dros hanner can mlynedd. Ond dim yn y siop bwtshwr 'i hunan fydden i'n gweitho, ond yn y lladd-dy, y *slaughterhouse*! We'n, we'n i ar fin ca'l iwnifform arall ar gyfer 'y ngwaith! Yn yr wythdege we'n i'n gwisgo fel Postman Pat, yn 1990 we'n i'n gwisgo siorts a fflip fflops; wedyn symudes i mla'n a gwisgo'r *hobnail boots* a *donkey jacket*; wedyn gwisgo crys a thei yn Motor World; ac yna, gwisgo dillad addas ar gyfer gweitho mewn lladd-dy!

We'n i'n teimlo'n hunan yn lwcus iawn bod dim leisens 'da fi i fod yn yr ardal lladd 'i hunan neu sai'n siŵr shwt olwg fydde wedi bod arna i. Ca'l gwared ar yr holl groen wedd ar yr anifeilied wedd wedi marw wedd 'yn jobyn i. Fydden i'n gorfod rhoi'r croen mewn un bocs, a'r perfedd mewn bocs arall.

Dwi'n cofio un o'r gweithwyr, Andrew Grota, yn gweud wrtha i un diwrnod, 'Tommo, dere mewn fan hyn – ni'n lladd moch 'ma heddi.' A 'na un peth alla i weud am ladd-dy cwmni Dewi James yn Aberteifi – wedd e'n lân ofnadw. Allech chi fod wedi gallu byta'ch cino o'r llawr 'na, 'se chi moyn.

Ar y diwrnod arbennig 'ma pan we'n nhw'n lladd y moch, y jobyn ges i 'da Andrew Grota wedd tynnu'r ewinedd oddi ar y carcasys moch. Fydde'r tra'd moch yn ca'l eu rhoi mewn dŵr berw, ac fe fydden i wedyn yn ca'l gwisgo rhyw fenig tsaen am 'y nwylo, a wedyn fydden i'n iwso bachyn bach i dynnu'r gwine' oddi ar dra'd y moch. Wedd rhoi'r gwine' mochyn mewn dŵr berw yn golygu bod y dŵr yn neud y gwine'n fwy *soft*, ac yn rhwyddach i'w tynnu nhw o 'na. Wedd e'n agoriad llygad, mae'n rhaid i fi gyfadde, er a'th hi ddim yn dra'd moch chwaith!

Ond we'n i'n mynd adre bob prynhawn yn drewi! Wedd drewdod *ofnadw* arna i, ac fe fydde Mam yn rhedeg bath i fi erbyn bo' fi gatre bob dydd, a hwnna â Dettol ynddo fe – jyst i neud yn siŵr bo' fi'n hollol, hollol lân. 'Sach bod drewdod 'na, cofiwch, ces i amser da yn y lladd-dy, a dwi'n ddiolchgar i Andrew Grota a John Mitch am ofalu ar 'yn ôl i tra 'mod i'n gweitho 'na. Ond fe dda'th amser pan we'n i wedi blino gweitho 'na erbyn y diwedd.

Wedyn, yn 1998, da'th Neil Jones neu Dimps lan i 'ngweld i gatre ryw nosweth. Neil Dimps, gyda llaw, achos bod *dimples* 'da fe, ac wedd e'n gweitho 'da'r Post yn Aberteifi. 'Tommo,' wedodd e. 'Wyt ti moyn jobyn 'nôl yn y Post Offis yn Aberteifi?'

Ac er bo' fi wedi meddwl bo' fi wedi posto'n llythyr ola flynyddo'dd cyn 'ny, 'nôl i'r Post es i, a bues i 'na am ddwy flynedd arall. Ac o fan 'ny mla'n, fe newidodd 'y mywyd i'n llwyr …

Yr annwyl Vauxhall Frontera – car hairdresser os buodd un erio'd

L'Hirondelle Cardiganshire League
Champions 1999-2000
Cardigan Town F.C.

Pennod 12

Tommo'r cyflwynydd radio

Yn y flwyddyn 2000 fe es i lan i'r Wyddgrug, i gwrdd â un o'r bosys o gwmni North Wales Newspapers neu Papurau Gogledd Cymru achos mai nhw ar y pryd wedd yn berchen ar yr orsaf radio leol i ni yn Aberteifi, sef Radio Ceredigion. Cyfarfod mewn barbeciw yn nhŷ rhyw fenyw wedd e, eitha randym a gweud y gwir wrthoch chi. Wel, wedd e ddim yn edrych fel cyfarfod swyddogol iawn i fi – mewn barbeciw!

'Do you want the job of a full-time presenter on Radio Ceredigion?' gofynnodd y fenyw fi. Do'n i ddim yn siŵr beth we'n ni ishe rhoi iddi fel ateb achos we'n i rhwng dou feddwl beth we'n i am neud â 'mywyd.

O'n i wedi bod yn cyflwyno ar Radio Ceredigion ers rhyw bum mlynedd cyn 'ny, ond fel gyda lot o'r cyflwynwyr 'na ar y dachre, we'n i'n neud y cyfan am ddim; ond we'n i'n joio ac felly wedd hynny ddim yn becso fi. A'th y rhaglen gynta mas ar yr orsaf am y tro cynta o Heol Alecsandra, Aberystwyth yn Rhagfyr 1992. We'dd criw arbennig o bobol yn gweitho i Radio Ceredigion yn Aberystwyth ar y pryd, lot fawr a'th mla'n wedyn i weitho i'r BBC. Wedd un o gyflwynwyr mwya poblogedd BBC Radio Cymru, Geraint Lloyd, yn gweitho 'na pan es i lan 'na gynta i recordo *demo*; rhaglen beilot wedd hi i weld a we'n i'n ddigon da i ga'l rhaglen 'yn hunan. Ma 'da fi lot i fod yn ddiolchgar i Geraint, ac i Steve Williams o Gastellnewydd Emlyn roddodd y cyfle cynta 'na i fi ga'l rhaglen 'yn hunan.

Wedd 'na ddwy stiwdio radio 'da nhw ar y pryd; Stiwdio 1 yn stiwdio eitha mawr gyda desg fawr fel cocpit awyren, a wedyn reit drws nesa iddi wedd Stiwdio 2, stafell fach gul a hir. Am ryw reswm, bydde Geraint wastad yn cyflwyno'i raglenni fe o Stiwdio 2, sef y 'stiwdio fach' fel wedd e'n 'i galw hi. Fydde fe byth yn mynd i Stiwdio 1, sai'n siŵr pam – ond 'sdim ots am 'ny nawr – jyst rhwbeth gododd nawr tra bo' fi'n cofio 'nôl.

Ta beth, we'n i yng nghanol recordo'r *demo* i Geraint a Steve un diwrnod – yn Stiwdio 1 – tra bod Geraint yn darlledu'i raglen o'r stiwdio fach drws nesa. We'n i'n gallu gweld mewn i'r stiwdio achos bod gwydr yn y wal wedd yn rhannu'r ddwy stiwdio.

Pan we'n i dal wrthi'n recordo, fe weles i Steve Williams yn dod lan at ddrws y stiwdio, drws wedd byth yn gallu cau, gyda llaw, yn dal darn o bapur lan â sgrifen arno fe yn gweud, 'Paid â rhegi.' We'n i ddim yn siŵr iawn pam wedd e'n gweud 'ny, achos fydden i byth yn rhegi ar y radio ta beth. Ond fe dda'th e'n glir i fi pam wedd e wedi gweud 'ny. Wedd Geraint, yn fyw ar ei raglen, wedi gweud rhywbeth fel, 'Nawr te, ma bachan 'da ni yn y stiwdio drws nesa – Andrew Thomas yw 'i enw fe, neu Tommo. Falle bydde rhai ohonoch chi'n 'i nabod e. Ma fe'n recordo rhaglen i ni a falle byddwch chi'n 'i glywed e 'ma cyn bo hir ar Radio Ceredigion. Dewch i ni fynd draw i'r stiwdio drws nesa i glywed tamed bach ohono fe wrthi, i ga'l clywed shwt ma fe'n swno.'

Ac fe es i mas yn fyw ar Radio Ceredigon y prynhawn 'ny. Ac o'r prynhawn 'ny mla'n ddechreuodd Tommo bach yn y byd radio achos, do, fe roiodd Geraint a Steve raglen i fi. Ac fe fydda i wastad yn ddiolchgar i'r ddou ohonyn nhw am y cyfle 'na.

Dwi'n cofio'r rhaglen gynta ges i'n glir. Rhaglen yn Saesneg wedd hi, a wedd hi'n mynd mas ar y radio bob nos Sul. Yn digwydd bod, pan wedd y rhaglen gynta i fod i ddachre, we'n i'n mynd i fod mas yn Iwerddon achos wedd y bachan ma o'r enw Bill, chi'n cofio yr un wedd yn rhedeg bar yn Aberteifi, wedi ennill trip mas i Iwerddon, ac we'n i'n mynd 'da fe, felly wedd yn rhaid i fi recordo'n rhaglen gynta i o fla'n llaw.

Pan we'n i'n dod 'nôl o Iwerddon wedd y rhaglen yn digwydd bod yn mynd mas nosweth 'ny ar Radio Ceredigion, ac we'n i'n gwrando arni yn y car. A dwi'n cofio teimlo ar y pryd bo' fi'n casáu clywed 'yn llais 'yn hunan! Wedd rhwbeth ambyti fe, we'n i'n casáu gwrando. Ond ma sawl un sy'n neud yr un gwaith â fi wedi gweud wrtha i bod nhw wedi teimlo'r un peth am eu rhaglenni cynta nhw hefyd, felly we'n i ddim ar 'y mhen 'yn hunan. Erbyn heddi, dwi'n gwbod bod rhaid i fi wrando 'nôl ambell waith i glywed shwt ma'r rhaglen yn swno a beth yw'r camgymeriade dwi'n 'u neud. I weud y gwir, dwi'n meddwl y bydde hi'n well i fi wrando 'nôl ar bob rhaglen dwi wedi neud erio'd, achos ma' camgymeriade ym mhopeth dwi'n neud! Ond wedi gweud 'ny, ma'r camgymeriade a phethe'n mynd yn rong yn rhan o'r hyn dwi'n neud ar yr awyr. Fydde rhaglenni Tommo ddim yr un peth hebddyn nhw!

Fydden ni'n ca'l lot o sbort yn Radio Ceredigion yn y dyddie cynnar 'ny. Ddwy flynedd ar ôl i fi ddachre a'th Geraint Lloyd draw i BBC Radio Cymru ar ôl ca'l 'yr alwad' gan Aled Glynne Davies, y Golygydd ar y pryd. Wedd Radio Ceredigion ar y pryd fel rhyw *stepping stone* i lot o gyflwynwyr i fynd draw i Radio Cymru. A whare teg, we'n nhw'n ca'l lot fawr o brofiad ar Radio Ceredigion. Yn Radio Ceredigion ddechreuodd Oliver Hides, sy nawr ar BBC Radio Wales, Aled Haydn Jones, un o'r cynhyrchwyr a'r cyflwynwyr sydd ar BBC Radio

1; newyddiadurwyr fel Alun Thomas a Heledd Siôn sy nawr yn gweitho yn adran newyddion BBC Radio Cymru; Marc Griffiths sy'n cyflwyno ar BBC Radio Cymru bob nos Sadwrn; Llŷr Griffiths-Davies sy'n cyflwyno'r bwletins traffig a thywydd bob dydd; a hefyd yn Radio Ceredigion ga'th Terwyn Davies, fuodd yn cyflwyno *C2* a *Steve a Terwyn* ar Radio Cymru, ei gyfle cynta yn y byd radio. Yn rhyfedd iawn, ma llwybre Terwyn a fi wedi croesi 'to, achos fe nawr yw cynhyrchydd 'yn rhaglen i yn y prynhawn ar BBC Radio Cymru. Druan â fe, wedd e siŵr o fod wedi meddwl 'i fod e wedi ca'l 'y ngwared i am byth pan adawodd e Radio Ceredigion!

Wedd lot o gymeriade hefyd fydde'n gweitho tu ôl i'r cyrtens yn Radio Ceredigion, fyddech chi byth yn clywed eu lleisie nhw. Fuodd Ellen ap Gwynn, sy nawr yn Arweinydd Cyngor Sir Ceredigion yn fòs arna i ar un adeg tra 'mod i 'na. Ond un cymeriad arall dwi'n cofio 'na wedd John Morgan o ardal Pontrhydfendigaid. Wedd Radio Ceredigion yn cynnwys lot fawr o hysbysebion – dyna wedd yn cadw nhw i fynd i weud y gwir – a wedd John, a Victor Edwards hefyd, yn rhai o'r bobol wedd yn gweitho'n galed i drial ca'l cwmnie'r sir i brynu *airtime* ar y radio. Dwi'n cofio John Morgan yn gofyn i fi un tro i fynd 'da fe lawr i weld y cwmni bysus 'ma o Aberteifi, Brodyr Richards, we'n i'n nabod y bachan, Marteine Richards yn iawn. Pan gerddon ni mewn, 'na'i gyd weles i wedd John yn cwmpo ar ei benglinie, a gweud, 'Plis! Allwn ni ga'l dou fis o *advertising* yn lle un 'da chi?' Wel we'n i ffaelu credu'n llyged a 'nghluste! Wedd John yn begian ar y bachan 'ma i ga'l dou fis o adfyrts yn lle un mis. A dim ond gwerth can punt we'n nhw! Ond dim ond John fydde'n ca'l *getaway* 'da hynny. We'n

i'n meddwl y byd ohono fe achos bod e mor annw'l.
Fe wherthines i sawl gwaith yn 'i gwmni fe, ac we'n
i'n joio tynnu'i go's e.

Ofynnes i iddo fe un diwrnod, 'John, wyt ti'n dod
mewn â arian i'r cwmni o gwbwl 'de? Achos sai byth
yn gweld ti'n mynd mas i werthu!'

'O, mae'n tyff ar hyn o bryd t'wel Tommo,'
medde fe wrtha i.

Ac un bore, ddim yn hir ar ôl 'ny, wedd John
wedi gweud 'i fod e'n mynd lawr i werthu adfyrts
tua Aberteifi. Tua hanner awr wedi naw, fe ges
i alwad ffôn 'da fe, yn gweud, 'Hei Tommo, alli
di roi neges mas ar y radio nawr i weud bod
damwen wedi bod ar yr hewl rhwng Aberystwyth a
Pontrhydfendigaid a ma'r hewl ar gau?'

'O, 'na fe, John,' medde fi. 'Diolch am ffono.
Gyda llaw, shwd wyt ti'n gwbod bod hi ar gau 'de,
achos wedes di bod ti ar y ffordd i Aberteifi heddi.'

'O … y … rhywun sy 'di ffono fi i weud bod hi ar
gau,' wedodd e 'nôl, yn stablad dros 'i eirie i gyd.
Sai'n siŵr ble wedd John yn mynd, ond sai'n credu
mai ar y ffordd i Aberteifi wedd e. Wedd John
yn dipyn o gymeriad, boi ffein ofnadw, ac un o'r
dynion gore dwi erio'd wedi cwrdd â nhw.

Un o'r cymeriade eraill dwi'n cofio yn Radio
Ceredigion, yn y cyfnod mwy diweddar – a fydde'r
orsaf byth wedi bod yr un peth hebddo fe – wedd
y cymeriad hwnnw o Gorsgoch ger Llanbedr-Pont-
Steffan, Alwyn Jenkins neu 'Mr Jenkins' fel fydde
fe'n galw'i hunan ar y radio. Ma Alwyn wedi bod
â diddordeb yn y byd darlledu ers pan wedd e'n
blentyn ysgol ac ma fe dal wrthi, yn darlledu'n
amal ar Radio Glangwili yng Nghaerfyrddin. Ma
fe'n neud gwaith da yn cadw cwmni i'r cleifion yn yr
hosbital fan 'ny. Wedd e ac un o'r cyflwynwyr eraill,

Agor Canolfan Ieuenctid Tysul,
Llandysul ar ran Radio Ceredigion

Wiii!! Abselio lawr ysbyty Bronglais
i godi arian i'r RNIB yn 2006

Tasgau Tommo: bob nawr
ac yn y man bydde Radio
Ceredigion yn rhoi sialens i
fi i ddysgu pethe newydd. O
mam fach, 'co fi'n treial bod
yn grochenydd ac yn fwtshwr!

Myfanwy Jones, neu Myfanwy Roberts erbyn hyn, yn dipyn o ffrindie.

Nawr, fe fuodd y rhan fwya o gyflwynwyr fuodd trwy 'goleg' Radio Ceredigion yn cyflwyno'r rhaglen *Yr Awr Gyfarchion* rwbryd neu'i gilydd siŵr o fod. Cyfle i'r gwrandawyr ffono'r orsaf i weud pen-blwydd hapus wrth unrhyw un wedd yn dathlu pen-blwydd neu ddigwyddiad ar y diwrnod 'ny. Ac wedd Myfanwy Jones yn un o'r bobol hynny. Y ffordd ore o ddisgrifio Myfanwy, gyda 'nhafod yn ddwfwn yn 'y moch, wedd fel rhyw fath o Cruella de Vil Ceredigion. Unwaith wedd hi'n iste lawr yn Stiwdio 1 i gyflwyno'i rhaglen, fydde hi ddim yn symud o 'na nes bod hi wedi bennu. Wedd Alwyn Jenkins fel rhyw gi bach iddi – yn rhedeg ambyti'r lle i bob man fydde Myfanwy yn gweud wrtho fe am fynd. A gan bod y drws yn dal heb ei fficso ers dyddie Geraint Lloyd, bydde Myfanwy'n gallu gweiddi ar Alwyn i fynd i hôl unrhyw beth iddi. A 'na'i gyd fyddech chi'n clywed drwy'r drws fydde, 'Aaaaalwyn! Alwyyyyyn!' Myfanwy yn galw ar Alwyn i hôl dŵr iddi. Ac fe fydde fe'n dod a gweud tan 'i anal, 'Beth yffarn ma hon moyn 'to?' Un bach byr yw Alwyn, ond bant fydde fe'n mynd i hôl dŵr i Myfanwy, a'i goese bach e'n mynd fel y cythrel. Ac we'n ni i gyd yn chwerthin yn gweld hyn yn digwydd. We'n, we'n nhw'n ddyddie da.

Ar ôl i bobol fel Geraint Lloyd a Steve Williams adel Radio Ceredigion, we'n ni i gyd yn *amateurs* o ran cyflwyno. We'n i'n teimlo ambell waith bod 'na neb yno i'n dysgu ni yn Radio Ceredigion shwt we'n ni fod i gyflwyno, neu neb 'na â'r profiad i weud wrthon ni beth wedd y prif bethe wedd ishe i ni gofio wrth i ni gyflwyno'r rhaglen. Felly, yn amal iawn we'n i a chyflwynwyr eraill fel Mark Simon, wedd yn neud rhaglenni yn Saesneg hefyd, yn gorfod dysgu'n hunen – a thrwy brofiad ddethon ni i wbod beth wedd yn dderbyniol o ran cyflwyno, a beth wedd yn apelio at y gwrandawyr wedd 'da ni.

Fues i'n ddigon lwcus yn 1997 i ennill gwobr TDK am y Cyflwynydd Radio Gorau o Gymru, y 'TDK Welsh Radio Presenter of the Year' ac we'n i mor falch bo' fi wedi ennill honno. Dwi'n cofio cwrdd â'r cyflwynydd Owen Money ar y nosweth we'n i'n ca'l y wobr a ges i fenthyg 'i ffôn symudol e i ffono Mam i weud wrthi bo' fi wedi ennill, achos wedd dim ffôn 'da fi ar y pryd! Felly, diolch yn fawr iawn i Mr Money!

Wes, ma lot 'da fi i fod yn ddiolchgar i'r criw wedd yn gyfrifol am Radio Ceredigion pan wedd e'n Aberystwyth – pobol fel Geraint Lloyd a Steve Williams, Dafydd Edwards, Geraint Davies ac Ellen ap Gwynn. Dyna lle ddechreues i yn y byd radio, a dyna lle ges i'r profiad er mwyn cyrradd lle ydw i erbyn heddi. Dwi'n rhan o hanes Radio Ceredigion, ac mae'r orsaf yn dal yn agos iawn at 'y nghalon i.

Un cwestiwn ma pobol yn gofyn i fi'n amal yw, 'Tommo, wyt ti wedi rhegi ar yr aer o'r bla'n?' A'r ateb dwi wastad yn 'i roi iddyn nhw yw, 'Odw!'

Fe ddigwyddodd e i fi pan we'n i 'da Radio Ceredigion yn y dyddie cynnar 'na. Tu fas i bob stiwdio radio ma 'na ole coch uwchben y drws, a'r rheswm am hyn yw er mwyn dangos i unrhyw un arall sydd ambyti'r lle bod y meicroffon ar agor yn un o'r stiwdios. Ma fe hefyd yn handi i ddangos i'r cyflwynydd bod e wedi agor y meic – achos fe welith e'r gole coch uwch ei ben a gwbod bod pethe'n digwydd go iawn.

Un diwrnod yn ystod 'yn rhaglen i, we'n i'n digwydd bod yn siarad 'da un o'r gwrandawyr ar y ffôn yn y stiwdio tra bod cân yn whare. Fel arfer, os wedd y ffôns yn canu tu fas y stiwdio, ni fel cyflwynwyr fydde'n gorfod mynd i ateb y ffôns achos wedd neb arall i ga'l i weitho ar y rhaglen. Wedyn, fel bod ni'n gallu clywed nhw'n canu, fydde'n rhaid i fi droi sŵn y *speakers* lawr yn y stiwdio. Ar ôl bod yn siarad yn y stiwdio, glywes i'r ffôn yn canu ac es i draw i'w hateb nhw. Ffrind i fi Harry 'Krishna' Rockley o Aberteifi wedd 'na, yn gweud, 'Tommo, I can hear you talking on the radio!'

'Oh yes, it's great, isn't it?' wedes i wrtho.

'No, I can hear you on the radio – talking!' wedodd e 'nôl 'to.

'Yes, of course you can hear me f****** talking!' wedes i. 'It's live radio, man!' A wedyn, sylweddoles i'n rhy hwyr beth wedd e'n trial gweud wrtha i; we'n i wedi gadel y meic ar agor yn y stiwdio ac wedd beth we'n i wedi gweud cyn 'ny wrth y gwrandäwr ar y ffôn tra bod y gân yn whare wedi mynd mas yn fyw ar Radio Ceredigion. Wedd hi'n amlwg bod y bylb yn y gole coch wedi ffiwso. A wedyn ffonodd Mam fi, 'A wyt ti wedi sylweddoli Andrew bod y meicroffon yn dal arno? Ac o't ti'n rhegi fflat owt!'

Wel, we'n i ddim yn gwbod beth i neud. Felly, heb feddwl, ffones i'r bòs i weud wrth hi beth wedd wedi digwydd. Dwi'n cofio'r sgwrs ges i 'da hi'n iawn, ar ôl i fi weud wrthi bo' fi wedi rhegi. Ac fe wedodd hi wrtha i tase 'na rywun yn cwyno, yna fydde'n rhaid mynd â'r gŵyn ymhellach. 'Na fe, feddylies i, fe weda i sori nawr ar yr awyr, a gymera i hi o fan'ny.

Yr wthnos wedyn fe dda'th rhywun o OFCOM lawr i'n gweld ni. I'r rhai ohonoch sy ddim wedi clywed am OFCOM o'r bla'n, nhw sy'n cadw tabs ar deledu a radio yng Nghymru, ac yn delio 'da unrhyw gompleints ma'n nhw'n ca'l. Ofynnes i'r bachan 'ma o OFCOM beth 'se'n digwydd 'sen i'n rhegi ar y radio r'wbryd? A 'na'r peth ola dyle unrhyw un neud, siŵr o fod! Ond we'n i ddim 'di meddwl cyn 'i weud e. 'Pam ti'n gofyn?' wedodd bachan OFCOM wrtha i. 'Wel, achos reges i ar y radio wthnos dwetha!' wedes i 'nôl.

Wedyn, wedd e moyn gwbod beth wedd yr hanes, wrth gwrs – ac fe wedes i wrtho fe beth ddigwyddodd – a shwt we'n i wedi rhegi a phethe. 'O paid â becso gormod,' medde fe wedyn. Wedd e'n gweud 'ny achos bod cyd-destun y rhegi wedi bod yn wahanol i'r arfer. We'n i ddim wedi rhegi tra bo' fi'n cyflwyno, os y'ch chi'n deall beth dwi'n meddwl. Felly des i bant â hi! We'n i'n teimlo'n well wedyn, achos we'n i'n meddwl bo' fi wedi ca'l 'yn hunan mewn i dwll na fydden i'n gallu dod mas ohono!

Ar ôl y digwyddiad 'ny, wnes i'n siŵr bod y bylbs yn y gole i gyd yn gweithio bob tro! Ond i weud y gwir, wedd pethe ddim yn gweithio yn digwydd yn amal yn Radio Ceredigion. Pethe'n torri. Pethe'n cwmpo'n bishys. Erbyn y diwedd wedd yr offer we'n iwso i ddarlledu bob dydd mor hen, wedd angen rhai newydd arnon ni. Ond wedd prinder arian yn yr orsaf yn golygu bod dim ffordd i brynu dim yn newydd. Ar un adeg, ffones i San Ffagan lan fel jôc o fla'n pawb yn y swyddfa i ofyn iddyn nhw â fydde 'da nhw ddiddordeb i ga'l stiwdio radio wedd yn dangos shwt wedd pobol yn darlledu ar y radio ddegawde 'nôl. Wedd hi wedi mynd mor wael â 'ny 'na!

Ma hanes digon tanllyd yn perthyn i Radio Ceredigion – fuodd sawl cwmni'n berchen arni ar hyd y blynyddo'dd. Fuodd lot o gwmpo mas 'na pan fuodd cwmnïe eraill yn trial prynu'r cwmni. Rhaid i chi gofio mai radio i'r gymuned wedd Radio Ceredigion ar y dachre, gwirfoddolwyr yn rhedeg y lle ac yn cyflwyno'r rhaglenni, ac wedd cynulleidfa dda 'na a thipyn o gynulleidfa wedd yn siarad Cymra'g. Wedd rhan fwya'r rhaglenni yn ystod y dydd yn rhai Cymra'g.

Pan es i lan i'r barbeciw 'na yn y gogledd, erbyn 'ny Papurau Gogledd Cymru wedd yn berchen ar Radio Ceredigion. Ac fel we'n i'n sôn yn gynharach, do'n i ddim yn siŵr a we'n i'n mynd i dderbyn y jobyn cyflwyno neu beidio, achos we'n i'n dal i weitho gyda'r Post – ac yn gweitho'n lleol yn Aberteifi gyda'r nos. Wrth gwrs, o fynd i Radio Ceredigion fydde'r arian ddim yr un peth, a hefyd fydde'n rhaid i fi ddreifo lan i Aberystwyth bob dydd. Ond we'n i'n dal yn gymharol ifanc, dim cyfrifoldebe teulu ar y pryd, ac we'n i ddim yn meddwl mai gweitho yn y Post we'n ni rili ishe neud am byth.

Ta beth, gytunes i i fynd i weitho i Radio Ceredigion yn llawn amser yn y diwedd. Wnes i ddim meddwl ddwywaith am adel y Post, achos we'n i wedi neud 'ny unwaith o'r bla'n. A fanna yn Radio Ceredigion ges i'n jobyn llawn amser yn y byd radio – jobyn lle we'n i'n ca'l 'y nhalu hefyd!

We'n i'n cyflwyno'r rhaglen frecwast ar Radio Ceredigion o dan y drefen newydd, ond barodd honna ddim yn hir iawn. Dwi'n cofio Rheolwr yr orsaf, Dafydd Edwards o Fethania yn mynd â fi i ga'l coffi yn un o'r caffis gyferbyn â'r stiwdios yn Heol Alecsandra. Dwi'n cofio fe'n gweud wrtha i, 'Tommo, ni'n tynnu ti oddi ar yr awyr yn y bore achos bo' ti'n rhy fywiog. So, ni'n mynd i dy symud di.'

'Rhy fywiog?' wedes i. "Dafydd, 'na beth yw sioe frecwast i fod!'

'Ie, ond ni ise pobol i ddihuno'n slo' bach yn y bore,' wedd ateb Dafydd.

Sai'n siŵr 'to beth wedd e'n feddwl pan wedodd e 'na, achos ma pawb dwi'n nabod ishe bach o help i godi yn y bore. Ond 'na fe, sai'n credu bod Dafydd wedi deall yn iawn ei resyme fe ar y pryd chwaith, ond wedd rhaid gwrando, achos fe wedd y rheolwr, ac fe ges i symud i'r slot hwyr yn y nos. O 10 tan 1.

Wedd ca'l cyflwyno ar radio lleol yn agor lot o ddryse i fi. Ac yn ystod 2003 fe dda'th e-bost i'r stiwdio yn Aberystwyth gan gwmni teledu Endemol wedd yn cynhyrchu rhaglen gwis *The Weakest Link* i'r BBC. We'n nhw ar y pryd yn edrych am bobol fydde'n fodlon cystadlu mewn rhaglen arbennig ar gyfer cyflwynwyr radio lleol, ac we'n i'n gwbod fydden i'n joio neud e, felly atebes i heb ofyn i unrhyw un arall. Ges i ateb 'da nhw, a gofyn i fi fynd lawr i'w gweld nhw pan fydden nhw'n dod i Gaerdydd cyn bo hir. Sai'n cofio'n iawn ble yng Nghaerdydd gwrddon ni, ond dwi'n cofio bod 'na bymtheg o bobol eraill 'na mewn stafell fach – a fi. Wedd hi'n amlwg bod pob un wedd 'ma hefyd wedi gofyn am ga'l bod ar y rhaglen, ond sai'n credu bod neb yn siŵr iawn beth we'n i fod i neud y diwrnod 'ny. Wedyn, fe dda'th dou foi o Endemol mewn a gweud wrthon ni'n bod ni am whare 'gêm' o'r *Weakest Link* yn y stafell fach 'ny, er mwyn gweld shwt fydden ni'n delio 'da ambell i rownd o gwestiyne! Fuon ni wrthi'n whare'r gêm am ryw awr, siŵr o fod, a 'na'i gyd wedd. Gethon ni dipyn o sbort, a wedyn gatre â fi!

Ges i lythyr yn y post rai wthnose wedyn yn gofyn i fi fynd ar y rhaglen. 'Local Radio Special' we'n nhw'n mynd i'w galw hi, un o'r rhaglenni 'ma we'n nhw'n ffilmo fel arfer i godi arian at achosion da. Bydde'n rhaid i fi fynd lan i Lunden i ffilmo'r rhaglen, felly ofynnes i i Mam a Dad a fydden nhw'n lico dod lan 'da fi. Arhoson ni'r nosweth mewn gwesty yn Heathrow; o'n i lan drwy'r nos cofiwch – dim achos bo' fi'n nerfys am y rhaglen, ond achos sŵn yr awyrenne ar bwys! A'r bore wedyn fe dda'th mini bysus du i hôl fi a'r cystadleuwyr eraill, y 'DJs lleol' eraill, i fynd â ni draw i stiwdio'r *Weakest Link* yn Pinewood.

We'n i mor ecseited yn cyrradd stiwdios Pinewood! Wedd coridors anferth 'na, a dwi'n cofio cerdded lawr un ohonyn nhw a gweld drws. Fe es i mewn trwyddo fe, a 'na le we'n i, ar set y gyfres gomedi *My Family*! Chi'n gwbod, y gyfres 'na gyda Robert Lindsay a Zoë Wannamaker. We'n i wedi cerdded trwy'u drws ffrynt nhw! A diolch byth bod nhw ddim yn ffilmo ar y pryd – ond wedd e'n eitha swreal. Ac fe ges i row, 'Could you please GET OUT?' medde rhywun. 'You're on a live set!' Felly, mas â fi, a 'nôl i ddilyn y cystadleuwyr eraill mewn i'r *Green Room* – y Stafell Werdd, er wedd dim byd gwyrdd ambyti hi.

We'n ni i gyd yn iste rownd mewn hanner cylch, ac fe dda'th y rheolwr llawr mewn a gofyn i ni i gyd i 'esgus siarad' â'n gilydd. Ond wedd dim ots beth we'n i'n weud, achos fydde'r gwylwyr ddim yn clywed beth fydden ni'n gweud. Y pishyn we'n nhw ishe ffilmo wedd dachre'r rhaglen i gyd lle bydde'r bachan yn gweud, 'One of these contestants ...' Pan dda'th hi'n amser ffilmo, we'n i'n esgus siarad â DJ arall, yn gweud pethe fel 'Cymru am Byth' a 'Caca, caca, caca.' A tasech chi'n digwydd edrych 'nôl ar y rhaglen, fyddech chi siŵr o fod yn gallu deall beth we'n i'n weud os y'ch chi'n dda am ddarllen gwefuse pobol. Wedodd y rheolwr llawr wedyn bod angen i fi fynd i newid 'y ngwisg, ac felly es i lawr i'r stafell newid, ac fe roion nhw fi mewn rhyw grys glas. A bant â ni i gyd lan i'r stiwdio.

Ges i sioc ar ôl cyrradd 'na mor fach wedd y lle – a dim cynulleidfa chwaith. Ma'n nhw'n gweud bod llefydd yn edrych lot mwy ar y teledu na ma nhw'n iawn, wel, ma fe'n wir. Beth we'n i ddim wedi deall ar y pryd wedd bod Anne Robinson, wedd yn cyflwyno'r rhaglen, yn recordo wyth rhaglen y dydd – a fi'n credu bod ni wedi meddwl bydde pethe'n wahanol, achos pan dda'th hi mewn i'r stiwdio wedd hwylie drwg ar y diawl arni!

Os y'ch chi'n cofio watsho'r *Weakest Link* rwbryd, yna fyddwch chi'n cofio bod pawb yn sefyll tu ôl i bodiwm – o'dd pymtheg ohonyn nhw i ga'l – a'r rheiny wedi'u seto mas ar siâp bwa, neu *arch*. Fydde Anne wedyn yn dod i sefyll o'n bla'n ni. We'n nhw wedi'n rhoi i i sefyll tu ôl i'r podiwm ola ar ochor dde Anne. Wedd hyn yn golygu mai fi fydde'n ca'l y cwestiyne'n ola! Lwc owt we'n i'n meddwl! We'n i'n barod amdani! Er bod hi wedi bod yn rhedeg ar y Cymry ryw ddwy flynedd cyn 'ny ar raglen *Room 101*, ga'th Anne dipyn o groeso pan gerddodd hi ar y set. Wedd pob un o'r cystadleuwyr yn clapo a gweiddi. We'n i wedi bwriadu roi 'bach o *cheek* iddi tase hi'n dachre tynnu arna i achos bo' fi'n Gymro, ond daweles i'n go glou pan wedodd hi wrth gerdded i'w phodiwm hi, 'I'll wipe those f******* smiles off your faces now!' We'n i 'i hofon hi ar ôl iddi weud 'na!

Mae'n rhyfedd shw' ma *pressure* bod mewn cwis fel 'na'n gallu ca'l effeth arnoch chi. Y rownd gynta yw'r rownd rwydda ohonyn nhw i gyd fel arfer. Ond beth sylweddoles i wedd bo' chi'n gorfod gwrando

shwd gymint ar y cwestiyne cyn eich un chi – er mwyn i chi gofio pwy sy'n ca'l y cwestiyne'n rong – fel pan dda'th hi draw ata i, we'n i wedi colli pob *concentration*. Y cwestiwn ges i wedd, a dwi'n cofio hi'n gweud e wrtha i hyd heddi, 'What is the longest key on a computer keyboard called?

'CTRL,' wedes i 'nôl heb feddwl yn iawn.

'Wrong! It's the space bar,' cyfarthodd hi ata i.

Ar ddiwedd y rownd, fe gafodd hi sgwrs 'da fi, fel fydde hi'n neud os wedd unrhywun wedi ca'l ambell i gwestiwn yn rong,

'Tommo ...' medde hi. 'Radio presenter are you?'

'Well, yes,' medde fi wrthi. 'This is a local radio special.'

'I bet you'd love to work for Radio 1, instead of Radio Ceredigion ...'

'Well, yes,' medde fi 'to. 'It's one of my dreams ...'

'And the best thing is you would be able to leave that country,' wedodd hi wedyn.

'Well Anne,' ddechreues i heb fecso dim nawr. 'We can do Radio 1 in Cardiff, Aberystwyth or anywhere else without having to leave Wales.' Am fenyw!

Yn y gwesty y noson gynt, we'n i a Toby Foster o Radio Sheffield – wedd Tony wedi bod yn y gyfres *Phoenix Nights* gyda Peter Kay – wedi bod yn trafod gyda'n gilydd y bydden ni'n dou a rhyw bump o'r lleill yn cydweithio er mwyn trial ca'l gwared ar y cystadleuwyr hŷn. Bydde *good chance* bod nhw'n gwbod lot o'r cwestiyne, felly fydde ca'l 'u gwared nhw'n helpu ni mas. Dyma beth fydden ni'n galw'n *tactical voting*.

Ond weithodd pethe ddim mas fel we'n i wedi disgwyl. Bares i tan rownd rhif pedwar. Ie, mwy na beth fydde lot ohonoch chi wedi disgwyl siŵr o fod!

Tommo-tastic!
Ennill Gwobr TDK
am y Cyflwynydd
Radio Gorau yng
Nghymru yn 1997

Ond ar ddiwedd y rownd 'na, we'n i wedi ca'l rhyw dri neu bedwar cwestiwn yn rong, a do, fe glywes i'r *catchphrase* enwog 'na'n ca'l 'i weud wrtha i – 'Tommo, you are the weakest link. Goodbye!'

Ond nid 'na ddiwedd pethe. Ar y ffordd mas, fe hwthes i gusan ati hi Anne! A fi'n credu bod 'na wedi weindo hi lan 'to. A mas o'r stiwdio a fi! Lawr y coridor ar hyd y ffordd ddes i a wedyn ges i'r camerâu yn holi am y profiad o fod y rhaglen. Cyn gynted â we'n i wedi neud 'na, fe ethon nhw â fi mas i dacsi. A 'na fe! Y profiad wedi bennu. We'n i'n ca'l mynd yn strêt, heb wbod dim pwy fydde'n ennill y rhaglen na dim! 'Na beth wedd sioc. Rhaid bo' fi 'nôl ar yr M4 pan wedd Anne yn llongyfarch yr enillydd! 'Na beth wedd profiad – ond bois bach, joies i, hyd yn oed os mai dim ond eiliad neu ddwy ges i gorddi bach o'r 'annwyl' Anne Robinson. A 'nes i byth ffeindo mas ife *act* wedd yr holl beth 'da hi, neu ife fel'na wedd hi go iawn hefyd!

Yn 2004 fe werthodd Papurau Gogledd Cymru Radio Ceredigion i gwmni Tindle Newspapers, wedd hefyd wedi prynu'r papur newydd Cymra'g *Y Cymro*. Do'n ni fel staff ddim yn ca'l gwbod rhyw lot fawr o beth we'n digwydd. Gethon ni lythyr un diwrnod i weud bod cwmni newydd wedi prynu'r stiwdios a nhw fydde'n rhedeg pethe o nawr ymla'n. Dwi yn cofio bod ni wedi ca'l ein cino Nadolig ni ym mis Mawrth, ar ôl i'r cwmni newydd ddachre ta beth. Sai'n siŵr pam: fi'n credu bod e'n rwbeth i neud 'da'r ffaith bod nhw'n berchen ar lot o stiwdios radio eraill a lot o bapure hefyd, ac wedd lot o waith trefnu 'da nhw. Ta p'un 'ny, fe barodd Nadolig nes y gwanwyn y flwyddyn honno ...

Un peth ddigwyddodd i Radio Ceredigion pan dda'th Tindle *on-board*, fel ma'n nhw'n gweud, wedd bod lot mwy o Gymra'g wedi dod 'nôl i'r amserlen, mwy na beth wedd North Wales Newspapers wedi defnyddio ta beth. Ond we'n i dal yn teimlo bod pethe'n shambyls 'na. Wedd gormod *o mish-mash* 'na – offer wedi torri, staff ddim yn gwbod beth we'n nhw'n neud, ac wedd e'n gyment o drueni, achos wedd y gwrandawyr mas 'na'n dal i wrando. Wedd cynulleidfa dda i ga'l 'da Radio Ceredigion. A do'n nhw ddim callach os wedd rhyw fashîn yn torri lawr yn y stiwdio, neu rhyw fistêc yn ca'l ei neud ar yr awyr. We'n nhw'n dal i wrando ar raglenni fel 'yn rhai i, Mark Simon a Myfanwy Jones; ac we'n ni'n gallu bod yn onest gyda'r gwrandawyr hefyd os wedd rhwbeth wedi mynd yn rong. 'Bach yn rhy onest ambell waith, falle. Dwi'n cofio Myfanwy Jones yn cyflwyno'r *Awr Gyfarchion* rhwng naw a deg un bore, ac wedd y ffôns yn dawel iawn, iawn – bron neb yn ffonio am ryw reswm. Ac yng nghanol y rhaglen, achos bod hi'n anfodlon bod y ffôns

yn dawel, dyma Myfanwy yn gweud, 'Dewch nawr, dyma'ch tro ola chi i gysylltu â ni gyda'ch cyfarchion i unrhyw un bore ma. Dwi'n gwbod beth y'ch chi'n neud, chi'n gwrando ar Radio Cymru, siŵr o fod, achos bod nhw'n rhoi cannoedd o bunne bant heddi 'da Jonsi!'

Wel, we'n i ffaelu credu 'nghlustie! Os na we'n nhw'n gwrando ar Radio Cymru'n barod wel ma'n siŵr bod pawb wedi troi i wrando ar Jonsi wedyn i glywed faint o arian wedd e'n rhoi bant y bore 'ny! Druan â Myfanwy. Ond whare teg iddi hi, wedd neb 'na'n rheoli wedd yn gallu gweud wrthon ni beth we'n ni fod i weud a neud, neu i *beido* 'i neud a gweud. We'n ni i gyd 'byti fod yn rheoli'r lle ein hunen. Y cyflwynwyr, y staff a'r gwirfoddolwyr we'n i'n teimlo wedd yn rhedeg y lle. Yn amal iawn, pan fydden i wedi bennu cyflwyno'n rhaglen am naw o'r gloch, fydden i a criw eraill o staff yn mynd lan am wâc i Gapel Bangor i ga'l gêm o golff. Yng nghanol orie gwaith! Un o'r cyflwynwyr eraill wedd 'na yr un pryd â fi wedd Rhodri Darcy. Ma fe nawr wedi mynd mla'n i weithio yn y byd teledu, ond wedd e'n un o'r rhai wedd yn darllen y newyddion ar y pryd. Wedes i wrtho fe un bore yn syth ar ôl iddo fe gyrra'dd ei waith, 'Hei Rhods, ni'n mynd lan i Gapel Bangor i ga'l gêm o golff, ti mo'yn dod?' Felly, fydde Rhodri'n recordo'r bwletinau newyddion am y bore a jwmpo ar y trên 'da fi, Ed Goddard, Paul Dark, Gerwyn Loosley (a hanner y swyddfa) i fynd lan am rownd o golff i Gapel Bangor. Yr unig rai fydde ar ôl fi'n credu wedd Myfanwy ac Alwyn Jenkins! Fydden ni 'nôl erbyn amser cino a wedyn fydden ni'n mynd gatre yn y prynhawn. Ond dyna beth wedd yn digwydd pan na wedd neb 'na i ddangos y ffordd i ni, neu'n trial ca'l trefen ar bethe. Ac wedd e'n gyment o drueni ...

Pennod 13

Triple Tommo...
ar Radio Sir Benfro,
Ceredigion a Sir Gâr

Tua 2006 ces i alwad ffôn gyda Keri Jones wedd yn rheoli Radio Sir Benfro ar y pryd. Wedd Radio Sir Benfro, neu 'Radio Pembrokeshire' fel wedd e'n ca'l 'i nabod, wedi bod yn mynd ers 2002, ac fe ofynnodd Keri i fi ar y ffôn a wedd diddordeb 'da fi gyflwyno rhaglen iddyn nhw ar ddydd Sadwrn. Wedes i fod e, ond we'n i'n gwbod ar y pryd fydden i ddim yn ca'l, achos bo' fi ar staff Radio Ceredigion.

Fe wedodd e wedyn 'i fod e am fynd am leisens Radio Sir Gâr hefyd achos wedd hwnnw ar fin dachre, ac wedd e ishe i fi recordo cyfres o raglenni peilot fydde'n help iddyn nhw i fynd am y drwydded ar gyfer Radio Sir Gâr. Rhwbeth ma'n nhw'n galw'n RSL – Restricted Service Licence – mae'n ca'l ei roi i gwmnïe newydd sy'n mynd am leisens llawn ar gyfer gorsaf radio.

Felly, es i lawr i *secret location* yng Nghaerfyrddin i recordo gwerth mis o raglenni iddyn nhw. We'n i dal yn neud 'yn rhaglen i tan 1 y bore ar Radio Ceredigion yn Aberystwyth, a wedyn y bore drannoeth mynd draw i Gaerfyrddin i neud y rhaglenni erill 'ma i Radio Sir Gâr – mewn *kennel* mewn rhyw dŷ! Wir nawr, wedd e'n adeilad tu ôl i'r tŷ, rhyw fath o gwb i gwpwl o gŵn a chathod. We'n i'n gorfod rhoi cwilts rownd y walydd i gyd i neud yn siŵr bod yr acwstics yn iawn 'da ni i allu swno fel stiwdio. Ond wedd y lle'n drewi o bisho cath a phisho ci: wedd e'n ofnadw! Ond wedd rhaid i ni neud y gore o beth wedd 'da ni ar y pryd. Ac we'n i'n iste 'na yn 'y nghot, a'r *hood* am 'y mhen, a bant â fi, 'Bore da, good morning – Radio Carmarthenshire!'

Yn ffodus iawn, enillodd cwmni Keri Jones leisens Radio Sir Gâr ac fe ddechreuon nhw ddarlledu o stiwdios ger Arberth yn Sir Benfro yn 2004.

Gyda Radio Sir Gâr yn dachre, wedd Radio Ceredigion mewn trwbwl ariannol. Fi'n credu erbyn y diwedd we'n nhw'n neud colledion o tua £130,000 y flwyddyn – wedd yn lot fawr o arian. Ond wedd rhain yn bethe wedd y gwrandawyr ddim yn gwbod amdanyn nhw, wrth gwrs. We'n nhw ddim yn gwbod bod yr orsaf mewn trwbwl mawr. Gyda chwmni masnachol fel Radio Ceredigion, mae'n rhaid i'r lle neud arian er mwyn cadw'u penne uwchben y dŵr; ac fe fydde'n rhaid i rwbeth ddigwydd cyn bo hir i safio'r lle, cyn boddi.

Erbyn hyn, we'n i wedi gadel Radio Ceredigion ac yn cyflwyno'r rhaglen frecwast ar Radio Sir Gâr a Scarlet FM i gwmni Town and Country Broadcasting Group yn Arberth. Fe ges i alwad ffôn un bore oddi wrth gadeirydd Town a Country ar y pryd, sef Jason Bryant. Gofynnodd Jason ar y ffôn shwd fydden i'n teimlo 'sen nhw'n prynu Radio Ceredigion? Wedd e ishe safio'r lle medde fe, ac ishe i fi gyflwyno'r rhaglen frecwast. We'n i'n cytuno â fe y dyle'r orsaf ga'l 'i safio achos fan 'ny we'n i wedi dachre; a bydden, bydden i wrth 'y modd 'nôl yn cyflwyno'r rhaglen frecwast 'na.

Beth we'n i ddim yn gwbod ar y pryd wedd mai dim ond un aelod o'r staff wedd ar ôl yn Aberystwyth fydde'n ca'l eu cadw, sef James Southon. Fydde'r orsaf yn symud o Aberystwyth hyd yn oed, ac yn darlledu mas o Arberth lle wedd gweddill cwmnïau radio Town and Country yn darlledu.

Erbyn Ebrill 2010 wedd Radio Ceredigion wedi dachre darlledu mas o Arberth, ond yn dal i iwso rhif Aberystwyth – 01970. We'n i'n falch bod yr orsaf wedi'i safio, ond yn gweld trueni mawr bod hi wedi symud mas o Aberystwyth, o'dd yng Ngheredigion. Dwi'n meddwl mai Aberystwyth

wedd 'i chartre hi i fod. We'n i'n teimlo bod Town and Country wedi anghofio'n llwyr am wreiddie Radio Ceredigion. Yn Aberystwyth wedd y cannoedd o wirfoddolwyr wedd wedi gweitho'n galed i'w bildo hi lan ar hyd y blynyddoedd. Wedd Real Radio yn dachre dod yn fwy poblogedd nag erio'd, a gweld Radio Ceredigion fel gorsaf arall i adio i'w monopoli nhw o orsafoedd radio na'th Town and Country, dwi'n meddwl.

Dwi'n cofio lot fawr o gwynion pan symudodd Radio Ceredigon draw i Arberth. Fi wedd yr unig Gardi wedd ar ôl fel un o gyflwynwyr yr orsaf. Wedd pob un arall yn dod o siro'dd eraill, neu dros Glawdd Offa hyd yn oed. Fi hefyd wedd yr unig un wedd yn siarad Cymra'g 'na, ac fe ddiflannodd y rhaglenni Cymra'g a'r miwsig Cymra'g bron yn llwyr. Dwi'n cofio criw o Gymdeithas yr Iaith yn protesto tu fas i'r stiwdios yn Arberth un diwrnod achos bod nhw'n becso cyn lleied o Gymra'g wedd ar Radio Ceredigion, ac we'n nhw'n iawn i neud. Mae'n gyment o drueni bod yr iaith Gymra'g wedi ca'l 'i phwsho mas o'r ffordd 'da nhw.

'Sach bod yr iaith Gymra'g wedi lleihau tipyn ar y radio, wedd Town and Country wedi neud un gwahanieth mawr i sŵn yr orsaf. Wedd popeth yn swno'n well nag o'r bla'n ac wedd 'da ni fashîns 'na wedd wir yn gweitho. Do'ch chi ddim yn clywed drôr y CDs yn clic-clico rhagor fel we'n nhw'n neud yn Aberystwyth, ac wedd hi'n grêt ca'l *dau* chwaraewr CD wedd yn gweitho. Wedd popeth yn ca'l 'i redeg yn broffesiynol 'na, am y tro cynta erio'd falle – ac ma'n nhw'n dal i fod yn gwmni proffesiynol.

O dan gwmni Town and Country fues i am sbel yn cyflwyno'r rhaglen frecwast ar y tair gorsaf we'n nhw'n berchen arnyn nhw – a hynny yr un pryd –

Jay Curtis,
Radio Sir Gâr

David Baker,
Radio Sir Benfro

Radio Sir Gâr, Radio Ceredigion a Scarlet FM, wedd yn mynd mas yn ardal Llanelli. Ond fe a'th tair gorsaf yn bum gorsaf yn go glou.

O'dd y diwrnod yn dachre i fi am 4 o'r gloch y bore. Fydden i'n codi ac yn gadel y tŷ yn Aberteifi er mwyn bod yn Arberth erbyn chwarter i bump. Wedyn fydden i'n paratoi ar gyfer rhaglen frecwast Radio Ceredigion wedd mla'n rhwng 6 a 10; hefyd ar gyfer Radio Sir Gâr a Scarlet FM rhwng 6 a 10; wedyn ar gyfer Nation Hits yn ardal Abertawe rhwng 6 ac 11; ac yna – yr ola – rhaglen rhwng 10 ac 1 ar Radio Sir Benfro! We'n i'n gweitho fflat owt! Wedd neb yn cynhyrchu'r rhaglen; y cyflwynydd, sef fi, fydde'n neud hynny'n hunan! Wnes i erio'd glywed rhaglen 'yn hunan ar Radio Ceredigion a Nation Hits pan we'n i yn Arberth, achos we'n i'n recordo cyfres o lincs cyflwyno i gyd o fla'n llaw ac yn eu whare nhw mas wedyn pan wedd 'u hishe nhw rhwng caneuon a gobeitho fydden nhw'n swnio'n iawn. Wedd dim ffordd o wrando 'nôl ar y lincs a dim amser chwaith. Ambell waith falle fydden i'n baglu dros ambell i air, ond mas ar yr awyr fydde fe'n ca'l mynd. Ond gyda fi, wedd pobol yn gwbod bo' fi'n siŵr o neud mistêcs ar yr awyr, naill ai gweud rwbeth yn rong, neu ddim wedi deall rhwbeth yn iawn. Ac we'n i yn, credwch chi fi! Ond dyna fi, dyna Tommo! Ma pawb yn neud mistêcs, ac wedd yn well 'da fi fod yn naturiol ar y radio na swno fel rhwbeth mas o *textbook*. We'n i'n trial neud yn siŵr bod y rhan fwya o'r rhaglen ar Radio Sir Gâr yn fyw, gyda lincs byw rhwng y caneuon i gyd ond y lleill wedyn wedi'u recordo.

O'n i'n 'i weld e'n waith caled, achos yn gynta wedd dim cynhyrchydd 'da fi, we'n i ar 'y mhen 'yn hunan, ac yn gorfod meddwl am yr holl gystadlaethe 'yn hunan hefyd; ac yn ail, wedd yn rhaid i fi ateb galwade'r gwrandawyr yn ogystal. Bob dydd Mercher wedyn, fydden i'n paratoi rhaglen o uchafbwyntie'r wthnos fydde'n mynd mas dros y penwthnos. Felly wedd Tommo bach yn fishi iawn! A wedd hi'n gallu bod yn *stressful* ar adege. Fydden i ddim yn gadel neb mewn i'r stiwdio 'da fi tra bo' fi'n cyflwyno. Bob bore fydde'n rhaid i fi ga'l mwged o goffi du, a hwnnw'n oer! Ie, coffi oer! Fydde hwnna'n cadw fi fynd am y bore wedyn a neud yn siŵr bo' fi wedi dihuno'n iawn. Unwaith we'n i'n cau drws y stiwdio 'na – we'n i wrthi fflat owt. We'n i'n gweud wrth y staff eraill yn y swyddfa tu fas, 'Os bydda i moyn rhwbeth, ddo' i mas i hôl e. Peidwch dod mewn.'

Realiti'r peth wedd, we'n i ishe llonydd i glatsho mla'n â'r gwaith wedd 'da fi, achos unwaith fydden i'n colli *concentration* yn beth fydden i'n neud, yna fydden i'n colli momentwm – a dyna'i diwedd hi wedyn – fydde popeth ar 'i hôl hi. Fydde'r math 'na o batrwm gwaith ddim wedi bod yn iawn i bob un, fi'n gwbod. Falle fydde sawl un wedi craco dan y straen. Ond we'n i yn joio'r *buzz*. Os bydde rhywun wedi gweud wrtha i, gawn ni rywun arall i neud Ceredigion i ti, fydden i wedi gweud 'Na'. Wedd yr adrenalin yn cadw fi i fynd, ac we'n i wedi dod i arfer â phatrwm bob dydd. Dwi'n gweithio'n well pan dwi o dan *pressure*, rhaid i fi weud. Os dwi'n iste rownd yn neud dim byd, dwi'n colli *concentration* wedyn, felly ma'n well 'da fi fod yn fishi drw'r amser.

Hyd heddi, dwi'n meddwl mai fi wedd yr unig DJ yn y Deyrnas Unedig wedd yn cyflwyno pum rhaglen wahanol ar bum gorsaf wahanol ar yr un pryd! Allen i siŵr o fod wedi cyrra'dd y *Guinness*

Y dream team: Carl Hartley, David Baker a fi ar Radio Sir Benfro

Ar y prom yn Aberystwyth ar gyfer Ras am Fywyd i Radio Ceredigion

Book of World Records! A ma pobol yn dal i synnu o hyd bob tro dwi'n gweud y stori wrthyn nhw!

Er y gwaith caled, ma 'na lot 'da fi i ddiolch i griw Town and Country hefyd am y cyfleo'dd ges i 'da nhw, yn gwmws fel y profiade ges i gyda'r criw Radio Ceredigion cynnar 'nôl yn Aberystwyth. Fe ddes i nabod lot o bobol enwog tra bo' fi'n cyflwyno mas o Arberth; holi lot fawr o enwogion a *pop stars*, a cha'l lot fawr o gyfleo'dd i fynd i wahanol lefydd.

O'dd criw da yn gweitho 'na yn Arberth hefyd. Er, we'n i ddim yn gweld 'u hanner nhw achos we'n i yn y stiwdio – ac yn gweitho yn y bore wrth gwrs – cyn bod rhai hyd yn oed wedi cyrradd. We'n i'n dod mlan yn dda 'da James Southon: fe wedd yr un dda'th lawr o Aberystwyth pan symudodd Radio Ceredigion yn 2010. Roies i gyfle profiad gwaith i James Southon pan wedd e'n 17, ac mae e'n dal yn joio yn y byd radio, a dwi'n falch drosto fe. Ma fe'n neud gwaith da. Ond mae e a'r staff eraill yn dal i orffod gweitho orie stiwpid, ond 'na fe, stori arall yw honna.

Anamal iawn fydden i'n gorfod gweitho ar benwthnose gyda Town and Country, ac wedd hyn wedyn yn gadel i fi gario mla'n i neud disgos ar hyd a lled y wlad 'to, achos wedd yr arian we'n i'n ca'l wrth weitho ar y radio'n dal yn eitha isel. Felly, unrhyw gyfle we'n i'n ca'l i neud incwm ecstra, wedd yn rhaid i fi gymryd e. We'n i dal yn dwlu DJ-io mewn partïon a phriodase, ond ambell waith yn teimlo fel rhyw foi wedd yn gweitho mewn ffair! Fydden i'n mynd 'na – seto popeth lan, DJ-io tan tua un y bore, tynnu popeth lawr, a 'nôl gatre erbyn dou. We'n i'n breuddwydio'n amal am ga'l 'y mrêc mawr – ca'l ymuno â'r BBC, ar Radio Wales, Radio Cymru neu hyd yn oed Radio 1 – achos allen ni wedyn slaco ar nifer y disgos we'n i'n neud ... Wnes i erio'd feddwl ar y pryd y bydde'r freuddwyd 'ny'n dod yn wir ryw ddiwrnod ... Ond we'n i'n barod i ddal i freuddwydio.

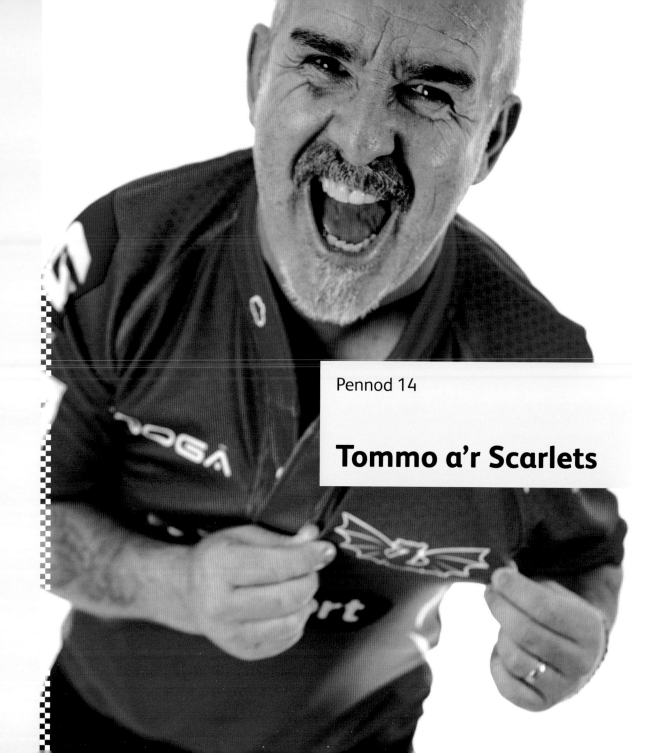

Pennod 14

Tommo a'r Scarlets

Ffwtbol wedd y cariad mawr o ran chwaraeon i
fi yn yr ysgol, fel dwi wedi sôn wrthoch chi'n barod.
Ond feddylies i ddim pan we'n i'n yr ysgol y bydden
i mewn rhyw dri deg mlynedd yn gweitho i un o
ranbarthe rygbi Cymru – a hynny yn Llanelli.

Mae'r diolch am y jobyn hynny i fachan o
Aberteifi'n wreiddiol, sef Richard Jones o Lanelli.
Wedd 'i dad a'i fam yn rhedeg siop yn nhre Aberteifi
– Jones Watts. Symudodd Rich mas o'r dre, ac am
gyfnod fuodd e'n whare rygbi i Lanymddyfri. Allech
chi byth â cha'l bachan ffeinach. Ma fe wedi bod
wrth 'yn ochor i drw'r blynyddoedd d'wetha, yn
rhoi cyngor a chymorth i fi, ac ma fe'n dal i fod yn
ffrind da i fi – dwi mor ddiolchgar iddo am gyment
o bethe.

Pan we'n i'n gweitho yn Radio Ceredigion yn
Aberystwyth un diwrnod yn 2007 ges i alwad
ffôn tua un ar ddeg yn y bore – anghofia i fyth o'r
diwrnod 'ny. A Rich wedd 'na. We'n i ddim wedi
siarad â fe ers sawl blwyddyn.

'Haia Tommo,' medde fe. 'It's Richard Jones
here, from Jones Watts.' Ac ar ôl sgwrs 'da fe yn
dala lan i weld shwd wedd e ar ôl yr holl flynydde,
holodd e i fi beth we'n i'n neud ar y dydd Gwener yr
wthnos 'ny. Dim byd, wedes i wrtho fe.

'Have you heard of the Scarlets rugby team?'
'Yes.'
'Can you come down to Stradey Park and be the
match announcer?'
'Yeah, yeah, whatever,' medde fi wrtho, a gofyn
pwy amser wedd e ishe fi 'na. We'n i fod 'na am
4.30pm; ond yn wir i chi, do'n i ddim yn 'i gredu
fe. Felly, es i 'nôl i iste lawr. Gofynnodd June, un o'r
staff eraill i fi, pwy wedd ar y ffôn 'da fi a wedes i
wrthi mai Richard Jones, hen ffrind i fi, wedd 'na yn

weindo fi lan. Fi? Tommo – yn gweitho ar Barc y
Strade?

A'th June wedyn ar y cyfrifiadur – yr unig
gyfrifiadur wedd yn y swyddfa! Wedd dim clem 'da
fi shwt wedd iwso fe. Fe edrychon ni am Richard
Jones Scarlets ar y we.

'Is he a Commercial Director,' gofynnodd June.
'Sai'n gwbod.'
'Yes, he is. Look ...' wedodd June wedyn.

Es i draw a ffindo mas bod Richard wir *yn*
gweitho i'r Scarlets, fel Cyfarwyddwr Masnachol neu
Commercial Director. Wedd e ddim yn weindo fi lan!
Felly, ffones i fe 'nôl er mwyn cadarnhau'n iawn bo'
fi'n gallu bod 'na.

Beth wedd wedi digwydd wedd bod y bachan
wedd yn arfer cyhoeddi ar ochor y ca' ddim yn gallu
neud y noswaith 'ny. A 'na pam ofynnon nhw i fi
fynd lawr.

Es i lawr, ac er bo' fi'n dilyn rygbi pan wedd
Cymru wastad yn whare, we'n i ddim yn dilyn
unrhyw glwb. Ond pan es i lawr y noswaith 'ny, wir
i chi, fe ges i'r *Scarlet Fever* fel ma'n nhw'n galw
fe. We'n i'n *hooked*. Wedd y noswaith gynta 'na'n
grêt. We'n i ar ochor y ca', wrth y twnel, ac wedd y
timau'n rhedeg mas a we'n nhw'n gorfod dojan fi,
y bois mawr anferth ma! Ac we'n i'n trial cyhoeddi,
'Nesa, dyma'r Scaaaaarleeeets!' Ond we'n i yn eu
ffordd nhw! Ma'n siŵr bod nhw'n meddwl pwy
wedd y cyhoeddwr newydd 'ma wedd yn deall dim
am rygbi! Ond 'nes i ddim troi 'nôl ar ôl y noswaith
'ny!

Nes ymla'n y flwyddyn 'ny, ges i alwad ffôn 'da
Richard Jones 'to. Gwahoddiad wedd e tro 'ma
i ddod i neud y gwaith cyhoeddi yn ystod gêm
dysteb neu *benefit match* Ray Gravell ym mis Awst,

Llifon Jones a
fi – ffrindie
oes, fel ma'r
hairstyles gwahanol
yn dangos

ond wedd e ishe fi 'na bach yn gynt achos wedd
rhyw gêm neu *training* rygbi ar gyfer plant cyn
y gêm fawr. Wedd y Scarlets yn whare yn erbyn
Caerfaddon mewn gêm gyfeillgar.

Es i lawr â un o'n ffrindie gore i, Llifon Jones, 'da
fi'r diwrnod 'ny ac fe ga'th e fod yn Cochyn am y
dydd – sef mascot y Scarlets!

Cyn y gêm yn y prynhawn, dwi'n cofio sefyll
wrth *entrance* Parc y Strade, wrth y swyddfa
a gweld chwaraewyr enwog fel Dwayne Peel,
Stephen Jones ac Alix Popham yn cerdded mewn
i'r Strade, a neb yn cymryd lot fawr o sylw ohonyn
nhw, neb yn mynd draw i ofyn am lofnod neu ga'l
tynnu'u llun. Ond wrth i fi edrych draw i'r chwith
wedyn, weles i llwyth o bobol wedi casglu rownd
un person, a weles i pwy wedd e – Ray Gravell 'i
hunan! Yn gynharach y flwyddyn 'ny wedd Grav
wedi'i colli'i goes, a dwi'n meddwl mai neud un o'i
ymddangosiade cynta'n gyhoeddus ers 'ny wedd e.
We'n i erio'd wedi cwrdd â fe o'r bla'n cyn y diwrnod
'ma, a wedd plant yn mynd yn ecseited rownd y
cawr o ddyn 'ma ac yn rhedeg draw ato fe i ga'l llun
a cha'l llofnod wrtho fe. A wedd e, wrth gwrs, wrth
'i fodd. Ar ôl tamed bach, a'th e mewn i'r stafell
newid. Ac es i draw i ochor y ca'n barod. Wedodd
Richard Jones wrtha i wedyn beth fydde trefen y
prynhawn: bydde'r timoedd mas yn barod, wedyn
bydde Grav yn dod mas drw'r twnel, a'r merched
gyda fe. A phan dda'th e mas ... a'th y crowd yn y
Strade'n wyllt!

Cyn dachre'r gêm, dda'th e draw ata i a gweud,
'Tommo? Ti'n meddwl alla i gico'r bêl i ddachre'r
gêm?'

'O, sai'n siŵr Grav,' wedes i wrtho fe, achos wedd
y penderfyniad dim i neud â fi. Os weden i 'Ie' heb

ofyn, yna allen i fynd i drwbwl. Es i ofyn Richard ar y radio wedd 'da fi i gysylltu â'r staff, gan weud wrtho fe, 'Rich, Grav wants to kick the ball to start the game.'

Cyn bod Richard wedi ca'l y cyfle i ateb 'nôl, 'na'i gyd glywes i wedd y llais mawr 'ma – sai'n siŵr o hyd llais pwy wedd e – a'r llais ma'n gweud, 'Whatever Grav wants, Grav gets!' Felly, fe gafodd gico'r bêl. Dda'th e 'nôl ata i, rhoi cusan ar 'y mhen, a gweud, 'Pob lwc Tommo – pob lwc!' Wel, we'n i yn 'y nagre, ar ôl iddo fe weud 'na. Ac wrth gwrs, yn drist iawn, o fewn tri mis, we'n i yn angladd Ray druan, 'nôl ym Mharc y Strade. Ond dwi mor falch bo' fi wedi cwrdd â fe y diwrnod 'ny, achos ma'r foment 'na wedi aros 'da fi yn 'y nghalon hyd heddi.

A wedyn, gan bod Kevin Johns, llais y Swans, yn fishi gyda'r gêmau draw yn Abertawe, ges i gynnig y gwaith cyhoeddwr yn llawn amser 'da'r Scarlets. Wedd e'n golygu bo' fi'n neud ffafr 'da Kevin Johns, felly 'nes i dderbyn heb feddwl dwywaith. Ond wir, erbyn hyn ma'r hen *Scarlet Fever* wedi cydio'n dynn amdana i!

A dwi dal 'na heddi, ac yn joio mas draw. Dwi wedi cwrdd â lot fawr o fois rygbi enwog dros y blynyddoedd – bois sy wedi gadel y rhanbarth nawr, ond yn gobeitho y byddan nhw'n dod 'nôl 'ma ryw ddydd, falle. Bois fel Jonathan Davies a George North. We'n i'n ffrindie mawr 'da George pan dda'th e lawr o'r gogledd am y tro cynta yn grwt ifanc. Dwi'n cofio Rupert Moon, wedd yn gweitho i'r Scarlets ar y pryd, yn gweud wrtha i bod crwt ifanc 'da nhw. 'Sai'n gweud celwydd' wedodd e. 'Ma fe'n dod o'r gogledd – a'i enw fe yw George *North*.' Dwi'n cofio iste 'da George yn y car tu fas i Barc y Scarlets un diwrnod – wedd hi'n

pisho lawr â'r glaw – ac wedd e newydd sgorio dau gais i Gymru. I weud y gwir wedd e'n whare mwy i Gymru nag i'r Scarlets ar un pryd, ac we'n i'n gallu gweld o'r tro 'na pan gwrddes i â fe gynta y bydde fe'n dod yn chwaraewr rygbi gwych. Ac fe 'nath e. *Awesome* fydde'r gair fydden i'n iwso amdano fe, dwi'n meddwl. Wedd hi'n golled fawr i'r Scarlets pan adawodd e i ymuno â chlwb Northampton Saints yn 2013. Ond dwi'n siŵr, ac yn gobeithio, y daw e 'nôl i Lanelli rwbryd!

Wedd Clwb Rygbi Crymych – clwb lleol i fi – yn codi arian rwbryd ac fe ofynnon nhw i fi a allen i ga'l rwbeth iddyn nhw gan glwb y Scarlets i'w werthu fe mewn ocsiwn. We'n i'n nabod Stephen Jones yn eitha da erbyn hyn, felly es i ofyn iddo am rwbeth alle fe roi ar gyfer achos da, rhyw bâr o siorts wedi'i arwyddo, er enghraifft. 'Ie, popeth yn iawn,' medde fe, a dyna'i gyd fuodd.

Cwpwl o ddiwrnode wedyn, ces i alwad ffôn wrtho fe'n gweud, 'Tommo, fi wedi gadel *package* i ti yn y dderbynfa. Rhwbeth i ti roi i Glwb Rygbi Crymych.' A whare teg i Stephen Jones, pan es i agor y pecyn, wedd e wedi rhoi un o'i gaps Cymru mewn 'na, a'r siwmper fuodd e'n gwisgo pan wedd e'n treino i fynd ar daith y Llewod – y ddou wedi'u seino! Wedd dim bai arno fe o gwbwl am roi'r rheina – person fel 'na yw

e. Dwi'n trial peido gofyn i chwaraewyr am bethe fel arfer; dwi'n trial bod yn fwy proffesiynol na 'ny a jyst joio'r whare. Ond un peth sy 'da fi, ac sy'n golygu mwy i fi na dim, yw crys George North, yr un wedd e'n gwisgo yn y gêm ola ond un cyn gadel y Scarlets – a ma hwnnw wedi'i seino hefyd. A dwi mor falch bod e 'da fi.

Ma 'ngwaith i ar ddiwrnod gêm yn gallu bod yn gyffrous iawn. Hanner awr cyn i'r gêm ddachre dwi'n mynd draw i'r ca', a wedyn fydda i a Monro Walters yn cyhoeddi enwe'r tîm i'r gynulleidfa sy'n wotsho'r gêm; wedyn yn ystod y gêm cyhoeddi enwe unrhyw chwaraewyr sy'n mynd bant neu'n dod ar y ca', cyhoeddi'r sgôr a phwy sy'n sgorio'r ceisie; a jyst neud yn siŵr i weud y gwir fod pawb yn ca'l amser da 'na.

Gymerodd hi sbel i fi ar y dachre, cofiwch, i ddysgu'n iawn beth we'n i fod i neud a *ddim* fod i neud. 'Nes i un mistêc ar ochor y ca' pan we'n i newydd ddachre 'na. Pan ma pêl yn ca'l 'i chico mas dros yr ystlys, sdim hawl 'da chi ddala'r bêl – dim ond y chwaraewyr. Ond pwy a'th i ddala'r bêl un diwrnod? Ie, 'na chi – Tommo bach. Ac os we'n i'n cydio ynddi, wedyn wedd y bêl mas o whare yn strêt! Ges i wbod yn go glou pa ffordd wedd lan! Felly, 'na'r tro ola i fi fynd yn agos at bêl yn ystod gêm.

Ond dwi'n gorfod pinsho'n hunan yn amal i neud siŵr mai gweitho odw i, achos wy'n joio cyment. Dwi'n dal yn ffaelu credu bo' fi'n rhan o dîm y Scarlets – a 'na'r peth, dwi yn teimlo fel un o'r bois sy'n whare ambell waith. We'n i'n siarad 'da'r dyfarnwr rhyngwladol, Nigel Owens, un tro, ac ma 'da fe rhyw *playlist* mae e'n gwrando arni cyn dachre gêm bwysig, caneuon sy'n 'i ysbrydoli fe, rhai sy'n golygu lot iddo fe. Dwi inne, pan dwi'n dreifo mewn i Lanelli cyn cyrraedd Parc y Scarlets, wastad yn gwrando ar '9–3' gan Max Boyce achos ma fe'n rhoi hyder i fi a neud i fi deimlo'n dda cyn y gêm. A tra bo'r gêm mla'n, dwi'n gwbod bo' fi'n gallu mynd 'bach yn rhy ecseited ... Falle ddylen ni ddim sôn am y stori 'ma, ond os am sgwennu llyfyr ar hanes 'y mywyd, wel man a man i fod yn onest, yntife?

Un tro, fe ddes i'n go agos at roi clatshen i un o'r reffaris ar ôl un o'r geme. We'n i wedi colli 'mhen. Wedd y Scarlets yn whare yn erbyn Ulster y diwrnod 'ny, a dwi'n cofio'i bod hi'n pisho'r glaw. Wedd yn rhaid i ni faeddu Ulster er mwyn mynd trwyddo i'r pedwar uchaf ar gyfer y *play-offs*. Dim ond rhyw un neu ddau bwynt tu ôl we'n ni. We'n i ar y bla'n, a dwi'n cofio Johnathan Edwards yn mynd mewn i ryc ar y llinell hanner – reit ar bwys ble we'n i'n sefyll ar ochor y ca'. Ac fe wedodd y dyfarnwr bod cic gosb i Ulster. Dwi'n cofio mai Ruan Pienaar wedd yn cico i Ulster – chwaraewr ffantastic o Dde Affrica – alle fe gico'r bêl i unrhyw fan. Ond wedd hi'n bwrw glaw'n drwm, ac we'n i wir yn gobeitho bydde fe'n miso'r pyst! Wel, we'n i ddim yn hapus 'da'r dyfarnwr o gwbwl – wnâi ddim 'i enwi fe – ond nid Nigel wedd e. Ac es i'n wyllt a gweiddi fel un o'r cefnogwyr! 'C'mon ref, what you doing?' We'n i'n gweiddi'n wyllt, yn ffaelu credu bod e wedi rhoi'r gic gosb i Ulster. A'r munud nesa, dyma Pienaar yn mynd am y pyst ac yn trosi! A dyna ddiwedd y gêm, achos yn syth wedyn fe whythodd y reffari 'i chwiban, a phan 'nath e hynny fe gollon ni'n safle yn y tabl. Wel, we'n i'n grac! Da'th y dyfarnwr bant o'r ca', a dwi'n cofio

Gydag Alexandra Burke, enillydd The X Factor ar Barc y Scarlets – dwi'n credu wedd hi'n ffansïo fi ...

sefyll fan'na yn y twnel ym Mharc y Scarlets, ac fe weiddes i, 'What the bloody hell do you think you're doing, ref?' A wedyn es i amdano fe – ond lwcus bod Jon Daniels, wedd yn gyfrifol am ddiogelwch 'da'r Scarlets ar y pryd, ambyti'r lle 'na, achos fe dynnodd e fi 'nôl cyn bo' fi'n ca'l siawns i gyrradd y reff! Fe gydiodd e yn y bathodyn Scarlets wedd rownd 'y ngwddwg i, a gweud wrtha i'n go uchel. 'Ti'n gwbod beth yw hwn? Ti'n gweitho i'r Scarlets, achan! 'So ti fod neud 'na! Cer gatre, wir!'

A gatre es i – ar ôl gêm ola'r tymor, alle fod wedi bod yn gêm ola i fi hefyd, os bydden i wedi neud rhwbeth i'r dyfarnwr 'na. Ond pan dda'th y tymor nesa wedyn mis Mehefin ar ôl hynny, wedd yr hen Jon Daniels, whare teg iddo fe, wedi anghofio'r cwbwl. Wedd, wedd rhywun yn rhywle yn watsho ar ôl Tommo unwaith 'to ...

Pennod 15

Tommo ... a Mrs Tommo

Tŷ ni – Maesglas
Towers – lyfli

Pan fydd rhywun yn priodi, ry'ch chi wir yn
meddwl bo' chi'n mynd i fod 'da'ch gilydd am byth.
Yn anffodus, dim dyna beth ddigwyddodd gyda
'mhriodas gynta i, a'r peth gore wedd ca'l ysgariad
– i'r ddou ohonon ni.

Ond we'n i wir yn gobeitho y bydden i'n gallu
cwrdd â rhywun y bydden i'n gallu hala gweddill
'y mywyd 'da hi. Ac fe ddigwyddodd hynny 'nôl ar
ddachre'r flwyddyn 2000 pan gwrddes i â Donna
Wyn, merch Terry a Sylvia Reynolds, o Hermon, sir
Benfro.

Pan ddechreuon ni fynd mas 'da'n gilydd, o'r
noson gynta 'ny we'n i'n gwbod tu fewn i fi mai hi
wedd 'yr un'. We'n i'n gwbod yn *strêt*. We'n i ddim
ishe meddwl am neb arall heblaw amdani hi. Hi
wedd 'yn ffrind gore i, *soul mate* a'r ferch we'n ishe

hala gweddill 'y mywyd gyda hi. Ma hi'n dal i fod y
pethe hyn o hyd, whare teg.

Ar ôl blwyddyn a thamed bach, fe ofynnes i
Donna 'mhriodi i, a gredech chi byth, fe wedodd hi
'Ie'.

Yn 2002, fe brynon ni dŷ gyda'n gilydd – ym
Maesglas, Aberteifi, wrth gwrs – lle ni'n dal i fod
heddi, dau ddrws lawr o dŷ Mam a Dad. Gethon
ni barti dyweddïo yn y tŷ, gyda'n teuluoedd a'n
ffrindie ni'n dou yno.

Wedd diwrnod ein priodas ni yn 2004 yn
achlysur bach iawn, a hynny am bod y ddou
ohonon ni wedi bod yn briod o'r bla'n. Felly, do'n
i ddim ishe rhyw ffýs fawr y tro 'ma. Fe gafon ni'r
briodas a'r wledd yng Ngwesty'r Cliff yn Gwbert
ger Aberteifi. Ma'r Cliff mewn lle arbennig iawn i

gynnal priodas, fel ma enw'r lle'n awgrymu, reit ar ochor y graig yn edrych lawr dros y môr. Ma fe'n lle bendigedig pan fydd yr houl yn disgleirio, ond wedd hi ddim y diwrnod 'ny – wedd hi'n pisho'r glaw!

Wedd Donna ar y pryd yn dysgu yn Ysgol Tegryn yn sir Benfro, a beth wedd yn hyfryd wedd bod plant yr ysgol wedi dod draw i'r gwesty ar y diwrnod i weld 'u hathrawes yn priodi. Ac fe roiodd hwnna dwtsh personol iawn i'r diwrnod.

Gan bo' fi'n DJ-io mewn priodase'n hunan, ma siŵr o fod sawl un wedi meddwl pwy tybed fydde'n ca'l y gwaith o DJ-io yn 'y mhriodas i. Wel, wedd 'yn ffrind Iwan Ward a fi wedi neud *pact* da'n gilydd. We'n i wedi gweud wrth Iwan y bydden i'n fodlon bod yn DJ yn 'i briodas e os wedd e'n cytuno i fod yn DJ yn 'y mhriodas i. Fel 'na fuodd hi. Ac fe na'th e 'i waith yn arbennig. Os wês unrhyw un yn whilo am DJ ar gyfer parti neu briodas, yna gewch chi neb yn well na Iwan Ward. Na'th e'n nosweth ni'n arbennig

– o'r diwn gynta i'r un ola. A beth wedd y gân gynta ar gyfer y *first dance*? Wel, Andy Williams yn canu 'Can't Take My Eyes Off You'. Ddewison ni honna achos bod hi'n ca'l 'i iwso o hyd fel anthem i dîm pêl-droed Cymru, ac mae wastad yn ca'l 'i chanu pan fydd y tîm yn whare! Cofiwch chi, we'n i ffaelu tynnu'n llyged oddi ar Donna'r diwrnod 'ny chwaith, whare teg.

Wedd e'n ddiwrnod arbennig iawn, diwrnod na wna' i fyth 'i anghofio. Dim ond pymtheg o westeion wedd 'da ni yn y briodas yn ystod y dydd, ond bois bach, fe nelon ni lan am y diffyg niferoedd yn y nos achos fe dda'th dros ddau gant o bobol draw i ddathlu – felly wedd e'n dipyn o barti. Wedd e'n eitha gwyllt o beth dwi'n cofio ... A dwi'n gwbod beth sy'n draddodiadol yn digwydd rhwng pâr priod newydd ar ei nosweth gynta fel gŵr a gwraig ... chi'n gwbod ... ond, mynd i gysgu 'nes i, achos we'n i wedi blino shwd gymint. Wel, wedd e wedi bod yn ddiwrnod hir iawn. Ma Donna yn lico'n atgoffa i o hwnna o hyd, y diffyg stamina gan Tommo bach ar nosweth 'i briodas e ...

Pennod 16

Tommo a'r aren newydd

Chi'n cofio fi'n sôn yn gynharach am yr holl flinder wedd arna i pan we'n i'n gweitho mas yn Sbaen? Wel, wedd rheswm go ddifrifol pam we'n i'n teimlo fel'ny, ond dim ond yn ystod y deg mlynedd diwethaf ga'th rhwbeth 'i neud am y peth.

O'n i 'di dachre yn y Post pan we'n i'n 16, ac ar y pryd we'n i ddim wedi sylweddoli bo' fi fod i ga'l *health check-up* bob blwyddyn, jyst i weld a we'n i'n ddigon iach i neud y gwaith, siŵr o fod. Ond am beder blynedd, llwyddes i i fynd hebddyn nhw, achos ma'r rhan fwya o fois y Post yn rhedeg a rwsho ambyti'r lle er mwyn mynd mas ar y rownds, a bennu'n gynnar; neu 'na beth we'n i'n neud yn Aberteifi yn yr wythdege, ta beth. Pan we'n i'n ugen oed, rhyw beder blynedd ar ôl i fi ddachre 'da'r Post, dyma nyrs yn 'y nal i un diwrnod a gweud, 'Wooah, Tommo, hold on. We've caught you after all these years. Come in here, have a sit down.'

A mewn es i ac iste lawr, aros am hanner awr, gymerodd hi 'mhwyse gwa'd i, a cherdded mas o'r stafell. Dda'th hi 'nôl mewn, a 'ngadel i fi aros 'na am hanner awr fach arall. Ar ôl iddi neud 'na, ges i bach o ofon, achos we'n i'n meddwl bod rhwbeth yn bod. Fe gymerodd hi'r pwyse gwa'd unwaith 'to. 'Right,' medde hi. 'We've got a problem. You'll have to contact your GP.' Wedd 'y mhwyse gwa'd i'n uchel, ac fe es i lawr i weld y doctor, ac fe wedodd hwnnw y bydde fe'n hala fi i ga'l cwpwl o dests yng Nghaerfyrddin. Popeth yn iawn, feddylies i, a mewn i ysbyty Glangwili es i.

Ma'n siŵr bod lot fawr ohonoch chi wedi gweld rhaglenni teledu lle ma menyw sy'n disgwyl babi yn ca'l pelen sgano wedi rhwbo ar 'i bola er mwyn gweld bod y babi y tu fewn iddi'n iawn. Wel, fe ges i rwbeth tebyg pan we'n nhw'n edrych arna i. Ond dim disgwyl babi we'n i. We'dd dwy nyrs 'da fi'n neud y tests, ac we'n nhw ddim yn gweud dim byd. We'n nhw'n dawel, ond yn edrych ar y monitor o hyd. Gan bo' fi'n teimlo bach yn anghysurus, ofynnes i iddyn nhw, 'Be sy'n bod?'

'Arhoswch funud,' wedon nhw. 'Awn ni hôl y doctor i chi nawr.' A bant â nhw.

Da'th y doctor mewn, ac fe wedodd e mai dim ond un aren we'n nhw'n gallu ffinjo y tu fewn i fi – a honno ddwywaith y seis wedd hi i fod. Wedodd e wrtha i wedyn i beido becso ac y bydde rhywun arall yn dod i edrych arna i y diwrnod wedyn. Wedd rhaid i fi aros dros nos 'na.

Pan dda'th yr arbenigwr i weld fi y bore wedyn, wedodd e wrtha i mai'r rheswm wedd yr aren ddwbwl y seis oedd naill ai bo' fi wedi ca'l 'y ngeni gyda 'mond un ohonyn nhw, neu wedd na *blockage* 'na.

Ar ôl ca'l mwy o dests, ffinjon nhw mas na wedd dim *blockage* yn yr aren. Dim ond un aren wedd 'da fi. Ond wedd yr aren yn dal i fod ddwywaith y seis wedd hi fod o hyd. Felly, ofynnes i'r doctor beth we'n i fod i neud nesa?

Yr ateb ges i wedd, 'Don't smoke, don't drink, and go to church twice a week.'

'So, am I fine then?' ofynnes i, er mwyn neud yn siŵr bo' fi wedi deall beth wedd e wedi gweud wrtha i. 'Yes, go out and enjoy yourself – everything's fine,' atebodd e. A dyna'r cyfan fuodd. Feddylies i ddim mwy amdano fe ar ôl hynny.

Tua ugen mlynedd wedyn, ar ôl priodi Donna, we'n i yn 'y mhedwardege, ac we'n ni ishe dachre teulu. Ond sylweddolon ni'n eitha clou bod dim byd yn digwydd. We'n i'n dal i ga'l adege o deimlo wedi blino. Ond we'n i'n meddwl mai achos we'n i'n dihuno'n gynnar yn y bore wedd e, a bod y codi mor gynnar yn blino mwy arna i na we'n i'n feddwl. Yn amal iawn ar y ffordd gatre o'r gwaith yn Aberystwyth i Aberteifi, fydde'n rhaid i fi stopo'r car tua Llan-non er mwyn mynd i gysgu am bach. Stopio'n Llan-arth ar adege eraill.

Ac achos hyn i gyd, fe benderfynes i fynd mewn i ysbyty Bronglais yn Aberystwyth i ga'l prawf gwa'd. Y nosweth 'ny we'n i gatre ym Maesglas yn torri'r borfa pan ffonodd y doctor fi gan weud, 'Mr Thomas, can you please come in quickly to see us?' Ac fe es i lawr i'w weld e yn y syrjeri yn Aberteifi. Pan gyrhaeddes i 'na, wedodd y doctor wrtha i, 'We're going to have to rush you into hospital. There's something wrong with your kidney.'

Wel, 'ma hi, wedes i, ugen mlynedd ar ôl i fi fod mewn yn ca'l prawf ar yr aren y tro dwetha. Ces i wbod bod 'y mhwyse gwaed i mor uchel y diwrnod 'ny nes 'i bod yn anodd credu na we'n i wedi ca'l trawiad ar y galon – wedd e tua 250 dros 120 dwi'n meddwl, dyna pa mor serys wedd pethe.

Felly, fe hales i nosweth arall yn yr ysbyty, yn Abertawe, cofiwch. Ges i dabledi 'da nhw am wthnos, achos wedd rhaid tynnu'r pwyse gwa'd lawr gynta cyn bydden nhw'n gadel i fi fynd gatre. Fues i 'na am wthnos. A wedyn ges i fynd gatre.

Wedd hi nawr yn fis Awst 2007, a'r adeg pan we'n i'n dachre gweitho gyda'r Scarlets. Ges i lythyr yn gofyn i fi fynd i'r clinic, ac fe wedodd y *consultant* fan 'ny wrtha i bod rhaid i fi ddachre ca'l dialysis, y driniaeth ma'n nhw'n rhoi i chi sy'n copïo lot o'r pethe ma aren yn 'u gneud er mwyn gweithio. A chyn hir da'th dwy nyrs lawr i 'ngweld i ym Maesglas. Ges i sioc i weld dwy ohonyn nhw'n dod i'r tŷ, felly fe ofynnes i, 'Sori i ofyn hyn, ond pam bod ishe i'r ddwy ohonoch chi fod 'ma?'

'O, er mwyn rhoi *counselling* i chi,' medde un.

'O na,' medde fi. ''Sdim ishe *counselling* arna i. Ody'r dialysis 'ma'n mynd i neud fi deimlo'n well?'

'Odi,' medde'r llall.

'Chi'n siŵr nawr?' ofynnes i 'to jyst rhag ofon.

'Odi,' medde'r ddwy gyda'i gilydd yn bendant.

'Oce 'de, dewch i ni neud e,' wedes i wrthyn nhw yr un mor bendant.

Ges i alwad ffôn yn gofyn i fi fynd mewn am dialysis ryw bythefnos cyn Nadolig 2007. Y nawfed o Ragfyr wedd hi, fi'n cofio'r dyddiad yn iawn. Wedes i 'Na' wrthyn nhw, a balles i fynd mewn pryd 'ny. Dwi'n gwbod ddylen i ddim bod wedi gweud hynny ond chi'n gweld, dwi'n joio'r Nadolig mas draw – yn mynd fel plentyn bach – ac fe fydde'n well 'da fi fynd mewn ar ôl Nadolig. A dyna beth 'nes i, er bo' fi'n dod mas mewn *blotches* a 'nghro'n i'n pwffan lan dipyn; we'n i'n teimlo bod tipyn o *water retention* arna i hefyd, felly we'n i'n falch o ga'l mynd mewn ym mis Ionawr. Ond ges i Nadolig briliant.

Yn yr ysbyty, ges i'n ffito gyda pwmp ar gyfer 'y mola, yn barod ar gyfer y dialysis. Wedd peipen yn stico mas o 'nghorff i, ac wedd rhaid i fi ga'l y driniaeth ryw beder gwaith y dydd. Nawr, alle hynny fod wedi diflasu sawl un, ond wnes i erio'd adel i'r peth 'y 'ngha'l i lawr, ac we'n i'n benderfynol fydden i'n dal i weitho. Fydden i'n codi am bedwar o'r gloch y bore er mwyn ca'l dialysis, a wedd hi'n broses o hanner awr i gyd. Wedyn, yn y gwaith fydden i'n hala rhyw hanner awr i ga'l y driniaeth 'to amser cino; unwaith 'to amser te, a wedyn y tro ola yn y nos.

O'n i ddim yn gadel i'r salwch a'r hasl wedd yn dod 'dag e ddala fi 'nôl rhag neud dim byd. We'n i hyd yn oed yn mynd â'r dialysis lawr 'da fi i ochor y ca' ym Mharc y Strade ar ôl dachre gweitho 'da'r Scarlets. Wedd rhaid i fi gadw'r holl beth yn bositif. Dwi'n cofio Donna a fi'n ca'l cystadleuaeth yn amal i drial geso faint wedd y dŵr yn y peiriant yn pwyso!

Ond ges i 'bach o glatshen wedyn, pan wedodd y *consultants* yn yr ysbyty wrtha i na wedd y dialysis yn gweitho. Da'th hwnna'n dipyn o siom, achos we'n i wedi trial bod mor bositif drwy'r cwbwl. Wedd yn rhaid i fi roi dou litr a hanner o dialysis yn y 'nghorff o hynny ymla'n yn lle'r litr a hanner we'n i wedi bod yn neud. Felly, glatshes i bant 'da'r driniaeth newydd 'to.

Ym mis Mai 2008 fe ges i garden *transplant*. Pan ges i honno, we'n i mor hapus, achos wedd hi'n cynnig gobeth newydd i fi. We'n i nawr ar y *transplant list*, fel ma'n nhw'n galw fe. Ond we'n i'n dal yn ffaelu deall pam wedd rhaid i fi gario'r garden 'da fi. Des i ddeall yn eitha clou pam.

'Os wyt ti'n ca'l dy alw mewn i ga'l y *transplant*,' esboniodd y nyrs, 'a ti'n ca'l dy stopo 'da'r polîs am fynd rhy ffast, allu di ddangos hwnna iddyn nhw.'

Grêt, feddylies i – ma ecsciws 'da fi o'r diwedd i sbîdo!

Ond o'n i jyst yn gobeitho, pan ddele'r alwad ffôn i fi ga'l y *transplant*, y bydde fe'n digwydd yn yr haf. We'n i'n dwlu neud y gwaith 'da'r Scarlets, a'r gwaith radio – a we'n i ddim ishe colli gwaith o gwbwl. Un dydd Iau ym mis Mehefin es i lawr i'r clinic a wedon nhw wrtha i bod y dialysis yn dal ddim yn gweitho. Fydde'n rhaid i fi fynd 'nôl i'r clinic 'to ddydd Mawrth er mwyn ca'l rhwbeth arall wedi'i neud i fi. Beth we'n nhw am neud wedd rhywbeth we'n nhw'n galw'n *fistula* – proses wedd yn golygu rhoi'r *vein* a'r *artery* at ei gilydd er mwyn neud y

blood vessel yn fwy ac yn gryfach. Bydde hynny wedyn yn neud hi'n rhwyddach i drosglwyddo'r gwa'd o'r corff i'r *dialysis machine* a 'nôl 'to. Ond bydde'n rhaid i fi neud 'ny am wyth awr dros nos, neu fynd mewn i'r ysbyty ryw dair gwaith yr wthnos. Erbyn nawr, we'n i wedi cyrradd y pwynt lle we'n i ishe safio 'mywyd i, ac ar ôl siarad 'da Donna fe benderfynon ni na wedd dim dewis arall 'da fi ond bennu yn y gwaith. Fel wedd pethe wedi bod yn mynd, we'n i'n lladd 'yn hunan heb sylweddoli 'ny, ac ar ddiwedd y dydd wedd 'y mywyd i'n bwysicach nag unrhyw fath o waith.

Ar y nos Lun cyn we'n i fod i fynd i ga'l y driniaeth *fistula*, wedd Donna a fi'n gorwedd yn y gwely, wedi bod yn cwmpo mas am rwbeth neu'i gilydd! Wedd hi'n ddeg o'r gloch yn y nos pan ganodd y ffôn wrth y gwely.

'Co ni off,' wedes i. 'Pwy ddiawl sy'n ffono fi yr amser hyn o'r nos? ... Helo?' We'n i'n wyllt i gyd.

'Hello,' wedodd y llais yr ochor arall. 'Is that Mr Andrew Thomas?'

'Yes,' atebes i. 'What do you want? Do you know what time it is?'

'Oh I'm ever so sorry,' wedodd y person ar y lein. 'I'm phoning from the tranplant unit in Bristol. We have a kidney for you. Can you please come down to Cardiff?'

Wel, yn wahanol i arfer, we'n i ddim yn gwbod beth i weud. 'Na 'i gyd 'nes i wedd torri lawr i lefen.

Ac fe newidodd 'y mywyd i fel'na 'to, gydag un alwad ffôn.

Tommo ... a'r ail gyfle

Pan roies i'r ffôn lawr, y peth cynta wnes i wedd cydio mewn *electric shaver* a shafo; sai byth yn iwso *shaver* fel'na. Sa i'n siŵr pam 'nes i hynny, ond ma pobol yn neud pethe rhyfedd on'd y'n nhw?

Jwmpodd Donna a fi mewn i'r car yn syth, ffones i'r bòs yn y gwaith i weud bo' fi ddim yn dod mewn y diwrnod wedyn, a lawr â ni i Gaerdydd.

Ar ôl cyrraedd yr ysbyty a pharco'r car, anghofia i fyth gweld y boi 'ma'n cario bocs pizza i mewn i'r adeilad.

'Are you alright?' wedodd e wrtha i.

'Yes,' atebes i a gofyn, 'what have you got there then?'

'Oh, nothing much,' atebodd e. 'It's my dinner. Where are you going?'

'B5,' wedes i, a wedes i wedyn bo' fi wedi dod am drawsblaniad aren. Wedodd e wrtha i wedyn am ei ddilyn e. 'Who are *you* then?' holes i fe, yn fusnes i gyd.

'Oh, I'm your surgeon. Actually, I've got your kidney in the box.'

Am eiliad gredes i fe, ond fyddwch chi'n falch o glywed mai jocan wedd e! Pizza wedd gydag e go

iawn. Ond whare teg, halodd e fi i deimlo'n gartrefol o'r eiliade cynta 'na pan gwrddes i â fe, a wedd unrhyw ofidie wedd 'da fi cyn mynd lawr fel 'se nhw wedi diflannu.

Pan dda'th hi'n amser i fi ga'l y llawdriniaeth, dwi'n cofio gorwedd ar y *stretcher* yn beips ac yn weiyrs i gyd. Wedd Donna ddim yn siŵr a ddyle hi aros neu beidio. Ond wedd dim alle hi neud tra bo' fi'n ca'l y trawsblaniad, felly a'th hi gatre, 'nôl i Aberteifi.

Pan we'n i'n ca'l y cyfarfod cynta 'na 'da'r *consultants* pan we'n i'n ca'l 'yn rhoi ar y *transplant list*, we'n nhw wedi gweud wrthon ni bryd 'ny y galle unrhyw beth fynd yn rong yn ystod llawdriniaeth fel hyn. Falle bydde'r corff ddim yn derbyn yr aren, neu falle y gallen i farw tra bo' fi'n ca'l y trawsblaniad. Ond we'n i'n dal i fod yn meddwl yn bositif, a na'th pethe fel'na ddim croesi 'y meddwl i o gwbwl. Y cyfan dwi'n cofio cyn ca'l y trawsblaniad yw ca'l fy whilo mewn i'r lifft ar y *stretcher*, gweld Donna, a drws y lifft yn cau. A'r cyfan feddylies i wedd; co ni off 'de ...

Dihunes i'r bore wedyn a theimlo llwyth o beips yn dod mas o 'ngwddwg i. Wedd un arall 'da fi wrth 'yn ochor i, un lan 'y nhrwyn, pwmp ocsygen a wedyn fe edryches i lawr a sylwi bod peipen arall reit lan rhyw bart sensitif o 'nghorff i rhwng 'y nghoese i. Pan sylwes i ar hyn wedes i, 'O na' (neu rwbeth 'bach yn gryfach ...) Wedd, wedd peipen wedi ca'l i stwffo lan 'yr hen foi'! Y cwestiwn cynta ofynnes i i'r nyrsys wedd pam wedd peips 'da fi lan 'yn *waterworks* i a shwt ddiawl lwyddon nhw i ga'l peipen lan fan'na yn y lle cynta?

'It's there so you can pass water,' medde'r nyrs wrtha i. 'To save you getting up to go to the toilet.'

O'n i ddim yn ca'l yfed dŵr achos we'n i dal o dan anaesthetic. Ond wedd shwt gymint o syched arna i, wedd rhaid i fi yfed rwbeth. Felly, fe yfes i lased o ddŵr, a we'n i'n gallu gweld y dŵr yn llifo mas ohona i drwy un o'r peips wedd yn sownd i fi! Ond wedd hwnna'n profi i fi hefyd bod yr aren newydd we'n i wedi ca'l … yn gweitho!

Ar ôl dau ddiwrnod wedd rhai o'r peips yn ca'l 'u tynnu'n rhydd o 'nghorff i. A'r beipen ola i ddod mas wedd y beipen wedd wedi ca'l 'i rhoi lan 'yr hen foi'. Pan wedd y nyrs yn dod rownd yn amal i newid plasters a phethe, wedd hi digwydd bod yn cico'n erbyn y beipen sbeshal 'ma bob tro. Wedd hi ddim yn trial, druan, ond wedd e'n neud dolur ar y jiawl! Gorffes i weud wrthi'n amal, 'Esgusodwch fi, byddwch yn ofalus! Odych chi'n gwbod ble ma'r beipen 'na'n mynd? Dwi'n ca'l dolur! Ma hi'n sownd i rwbeth delicét!'

Dim ond am wthnos fues i yn yr ysbyty cyn bo' fi'n barod i ddod mas. A phan gerddes i mas drwy'r dryse 'na, fe dorres i lawr i lefen unwaith 'to. Wedd sioc yr wthnos dwetha wedi bod yn ormod i fi, fi'n credu. Ac we'n i'n falch hefyd bod popeth wedi mynd yn iawn 'da'r *transplant*. We'n i'n ffaelu credu bod aren rhywun arall tu fewn i fi, a hwnnw nawr wedd yn cadw fi'n fyw. Wedd bachan yn gorwedd yn y gwely gyferbyn i fi wedi ca'l aren arall y bachan wedd wedi rhoi 'i aren i fi. Felly, we'n i'n dou yn ddiolchgar iawn.

Ar ôl dod mas o'r ysbyty, wedd yn rhaid i fi fynd 'nôl i Gaerdydd am *check-ups* ddwywaith yr wthnos am fis, ac we'n nhw'n gofyn i fi fynd â bag dros nos 'da fi, rhag ofon bydde'n rhaid aros mewn am gwpwl o ddyddie. Ond es i byth â bag 'da fi. 'Co fi 'to yn meddwl yn bositif. A dyma fi, rhyw saith

mlynedd lawr y lein yn gallu adrodd y stori wrthoch chi.

Dwi'n dal i fynd nôl am *check-ups* i Abertawe o hyd. Bob chwe mis we'n nhw'n awgrymu, ond rhaid i fi weud bo' fi'n dueddol o fynd yn amlach na 'ny. Mae e'n rhoi tawelwch meddwl i fi – 'se rhwbeth yn bod, yna fe allen nhw sorto fe mas strêt awê. A'r hyn sy'n grêt yw ein bod ni'n ca'l y canlyniade'n syth ar sgrin o'n bla'n ni. Ma'r holl flinder wedd 'da fi o'r bla'n wedi diflannu i gyd. Cyn y *transplant*, sen i'n byta brechdan i gino, a wedyn yn cerdded rhyw hanner can llath, fydden i mas o wynt. Ffaelu cerdded dim mwy. Ond nawr, dwi'n gallu mynd ambyti'r lle fel whipet, fel ma'n nhw'n gweud. Fues i mor lwcus.

Pennod 18

Dadi Tommo

Y rheswm ges i'r trawsblaniad yn y lle cynta wedd achos bo' fi wedi mynd am brawf gwa'd ar ôl i Donna a fi drial ca'l plant a ffaelu. Hyd yn oed ar ôl y trawsblaniad we'n ni'n dal i ffaelu ca'l plant.

Felly, fe benderfynon ni y bydden ni'n mynd am driniaeth IVF. We'n ni ishe bod yn rhieni. Ethon ni i'r London Women's Clinic yn Abertawe i ddachre ar y broses. Dwi'n dal i weld rhai o'r nyrsys wedd yn gweitho yn y clinic, i weud y gwir, achos ma un ohonyn nhw'n cefnogi'r Scarlets. Dwi'n 'i gweld hi'n amal ar Barc y Scarlets, a bydd hi'n codi llaw a gwenu arna i. A'r cwbwl alla i neud yw cofio 'nôl, a meddwl, 'Ti wedi gweld fi heb 'y nillad mla'n – ti wedi cwrdd â'r "hen foi"'!'

Dwi'n mynd i fod yn hollol agored gyda chi am y driniaeth IVF fuon ni drwyddi – pam bydden i ishe cwato pethe fel'na? I ddachre, ges i IXI. Mae IXI yn fath o driniaeth hadu artiffisial, lle ma'n nhw'n rhoi *injection* mewn i chi er mwyn tynnu'r had mas. Pan wedon nhw wrtha i, wedes i wrthyn nhw, 'Wow, nawrte, shwt y'ch chi'n mynd i neud 'ny?'

'Fe fyddwn ni'n rhoi Rohypnol i chi,' wedon nhw wedyn. 'Bydd hyn yn neud i chi anghofio be sy wedi digwydd, ond fyddwch chi'n dal ar ddi-hun.'

Iawn, wedes i wrtha i'n hunan. Alle hyn ddim bod mor boenus â 'ny 'de, achos fydden i ddim yn cofio mor boenus fydde fe! Es i iste lawr, gyda 'nghoese led pen ar agor, pedair nyrs a'r doctor rownd fi – Doctor Mahiso – gofia i 'i enw fe am byth. Wedd e fel *spectator sport*. Munud nesa ofynnon nhw, 'Odych chi'n barod, Mr Thomas?'

'Odw,' atebes i.

'... Reit, 'na 'ny ... Odych chi'n iawn?' gofynnodd y doctor.

'Odw, odw,' wedes i 'nôl. 'Clatsiwch bant!'

'Na, na, ni wedi neud e – wedi gorffen.' Wedd y cwbwl drosto a finne ddim yn gwbod, we'n i ddim yn cofio beth wedd wedi digwydd! Na beth wedd teimlad rhyfedd.

Pan ethon nhw 'nôl â fi i'r stafell arall, wedd Dr Mahiso yn mynnu galw fi'n 'Effing Tommo' o hyd. 'Pardon?' wedes i ddim yn credu beth o'n i'n clywed. Ond ffinjes i mas bo' fi wedi bod yn rhegi'n ofnadw yn ystod y driniaeth. Gweiddi pethe fel, 'Watch my f****** kidney! What are you f****** doing?' Ond we'n i ddim yn cofio bo' fi wedi gweud y pethe hyn i gyd. Meddyliwch!

Ar ôl y driniaeth, dim ond aros wedd yn rhaid wedyn i weld beth fydde'n digwydd. Ac yn ffodus iawn i ni, weithodd y driniaeth y tro cynta. Weles i beth fydde'n blentyn i ni ar sleid fel embryo bach. Ma lot o gyple sy'n ca'l IVF yn ca'l efeilliaid achos bod nhw'n rhoi dau embryo i'r fam rhag ofon na fydd un ddim yn gweitho, ond wedd dim ots 'da ni faint we'n ni'n ca'l. We'n ni wedi meddwl am enwau babis yn barod. Os mai merch fydde ni'n ca'l, Cari wedd hi am fod, ac os we'n i'n ca'l bachgen, 'i enw fe fydde Cian. Naw mis ar ôl hynny, da'th Cian Wyn mewn i'n byd bach ni, a newid ein bywyd ni'n

gyfan gwbl. Wedd e'n whompyn o fabi! Naw pownd naw owns – a babi *sunroof* fel ma'n nhw'n gweud. Whare teg, wedd e ishe edrych ar ôl 'i fam, 'Sai ishe dod mas lawr fan'na, dwi ishe dod mas drw'r top i ti ga'l llai o boen, Mam!'

Ma peder blynedd ers hynny, ac ma 'rhen Cian Wyn yn joio bywyd. Ma 'da fe awtistiaeth ysgafn, neu *slight autism*, ma'n nhw'n galw fe. Felly dyw e ddim yn siarad 'to, ond ma fe'n caru ni i gyd, yn joio ysgol, ac yn ffrindie 'da phawb. Dwi'n cofio pan ethon ni i weld arbenigwr am yr awtistiaeth yn y lle cynta. Fe wedodd e wrthon ni allen ni roi cant o blant sy'n awtistic mewn un stafell, ac fe fyddech chi'n gweld bod pob un ohonyn nhw'n wahanol. Dy'n ddim yn ei drin e'n ddim gwahanol i'r ffordd fydden ni'n trin unrhyw blentyn arall, ac ma fe'n werth y byd i ni.

Bellach ma Donna'n dysgu yn Ysgol Bro Siôn Cwilt ger Synod Inn yng Ngheredigion yn joio'i gwaith fel athrawes, ac wrth 'i bodd yno. A ni'n tri'n hapus iawn yn byw ar stad Maesglas yn Aberteifi – y stad lle ces i 'magu, a Dad a Mam yn dal yn byw dau ddrws lawr wrthon ni. A gyda finne wedi ca'l jobyn 'y mreuddwydion 'leni, ma bywyd yn grêt ar hyn o bryd.

Pennod 19

Tommo a'r 'Ta-Ta' i Radio Sir Gâr

Mae cystel i fi gyfadde mai breuddwydio am fynd i weitho ar Radio 1 we'n i pan we'n i'n 16 oed ac yn ymarfer cyflwyno'r siartie gyda 'mrwsh bach coch. We'n i wedi bod yn tiwno mewn nawr ac yn y man i Radio Cymru, Radio Wales a Radio 1; a phan we'n i'n gweithio i'r holl radios lleol 'na, we'n i wastad wedi gweud wrth 'yn hunan bo' fi rhyw gentimetr bant o Radio 1 ar y dial ar y set radio.

Yn ystod 'yn amser yn gweithio yn Radio Sir Gâr ddes i nabod y tenor o Gaerfyrddin, Wynne Evans, sy fwya enwog siŵr o fod am yr hysbysebion Go Compare, fel y canwr boncyrs â'r mwstásh, Gio Compario. Dwi'n cofio siarad 'da fe tua mis Mai 2013, a wedd e newydd ga'l swydd cyflwyno gyda BBC Radio Wales bob prynhawn dydd Gwener. Pan wedodd e 'na wrtha i, wedes i wrtho fe y bydden i'n dwlu neud rhwbeth tebyg, y bydden i'n dwlu gweitho i'r BBC. Ofynnodd e i fi wedyn a we'n i wedi hala unrhywbeth mewn at y bosys yn y BBC, ond we'n i ddim.

Yn 2011 we'n i'n *chuffed* pan lwyddes i ennill un o wobre mwya'r byd radio masnachol, sef yr Arqiva Commercial Radio Presenter of the Year ar gyfer gorsafoedd radio masnachol gyda llai na 300,000 o wrandawyr. Wedd hi'n wobr lle we'n i'n cystadlu yn erbyn cyflwynwyr radio masnachol eraill dros Brydain i gyd. Fues i mewn seremoni yn Llunden i ga'l y wobr, ac we'n i'n meddwl falle bydde'r ffaith bo' fi wedi ennill y preis hynny, a'r teitl TDK we'n i wedi ennill hefyd, yn help tase'r BBC yn whilo am gyflwynwyr newydd ar gyfer Radio Wales a Radio Cymru.

Yn rhyfedd iawn, rai wthnose wedyn, ffonodd Wynne fi a wedodd e tro 'ma, 'Hei, Tommo, ma rhywun newydd *in charge* yn Radio Cymru.'

Nawr, pan glywes i 'na, y cwbwl a'th trw' 'meddwl i wedd 'y Nghymra'g i. Mae'n rhaid i chi gofio mai'r Gymra'g dwi'n siarad yw'r Gymra'g dwi wedi'i siarad erio'd bron. Dyna'r unig Gymra'g dwi'n 'i nabod. Ac we'n i'n meddwl bod safon 'y Nghymra'g i'n olréit. Ond dim ond ar ôl i fi ga'l y jobyn 'da Radio Cymru a phobol yn dachre cwyno ffinjes i mas y ffordd galed, bod safon 'y Nghymra'g i ddim gystal â beth we'n i wedi meddwl wedd e!

Ta beth, wedodd Wynne wrtha i mai Betsan Powys wedd wedi ca'l swydd newydd Golygydd Radio Cymru.

'Ti'n 'nabod hi?' gofynnodd e.

'Nagyw hi ar y teledu?' wedes i. 'Mae'n neud rhyw *political shows* ar y teli.'

Ac es i wedyn ar Google, a gwglo'r enw 'Betsan Powys', a weles i lun ohoni i ga'l neud yn siŵr bo' fi'n meddwl am y fenyw reit. Ac felly feddylies i y bydde'n rhaid i fi roi galwad ffôn iddi. A 'na beth 'nes i – yn syth.

Wedd Betsan yn digwydd bod yn gweitho yn y Bae y diwrnod 'ny, a phan atebodd hi'r ffôn. Wedes i, 'Helo, Betsan Powys?'

'Ie?' medde'r llais yr ochor arall.

'O, Tommo sy 'ma.' wedes i wedyn.

'Tommo ... Tommo ...? Tommo ... Tommo ...?' medde hi'n ansicr.

'Ie, Tommo o Radio Sir Gâr.'

'Ife'r un Tommo sy ar Radio Ceredigion?' wedodd hi wedyn.

'Yn gwmws,' wedes i.

'Be? Ti'n neud rhaglenni ar y ddwy orsaf?'

'Odw,' wedes i. 'Dwi'n neud rhaglenni ar *bump* gorsaf ... ar yr un pryd!'

'Ody dy glustie di wedi bod yn llosgi heddi?' wedodd Betsan wedyn. 'Dwi newydd ca'l cyfarfod nawr, ac ro't ti'n un o'r *bullet points* i'w trafod.'

Rhaid gweud bo' fi wedi ca'l sioc pan wedodd hi 'na. Co ni off, wedes i wrth 'yn hunan!

Fe wahoddodd Betsan fi lan i Gaerdydd yr wthnos wedyn i ga'l cyfarfod 'da nhw yn y BBC. Yn anffodus, we'n i ddim yn gallu mynd ar y diwrnod we'n nhw ishe i fi, achos we'n i'n mynd lan i Lunden achos bo' fi wedi ca'l 'yn enwebu am wobr Arqiva arall.

Ryw wthnos wedyn we'n i ar y ffôn gyda Betsan eto. Gofynnodd hi i fi fynd i'w gweld nhw y prynhawn hwnnw, ond i gadw'r cyfan yn dawel. A bant â fi. Fe stopes i yn Tesco Caerfyrddin ar y ffordd – er mwyn ca'l dillad newydd i wisgo i fynd i'r cyfarfod. Newides i i'r dillad newydd yn Tesco yn syth ar ôl i fi eu prynu nhw hyd yn oed! A bant es i ar 'y ffordd tua Llandaf.

Dwi'n cofio ei bod hi'n ddiwrnod twym ofnadw – we'n i'n berwi yn y dafarn yn Llandaf lle gwrddes i â Betsan, a Gareth Davies, Pennaeth Marchnata a Digwyddiade'r BBC. We'n i'n digwydd bod yn nabod Gareth achos wedd e wedi gweithio 'da fi am bach yn Town and Country. Anghofia i byth mor dwym wedd yr haul y diwrnod 'ny! Ond fues i'n onest iawn 'da

nhw, gan weud mai dyma fydde'r freuddwyd fawr i fi, ca'l gweithio i orsaf radio gyda'r BBC. We'n i'n siarad o 'nghalon y diwrnod 'ny, a dwi'n gobeitho bod nhw wedi gweld yn ystod y cyfarfod 'na faint fydde'r job yn golygu i fi. Nid dim ond swydd wedd hi i fi, ond ffordd o fyw, a rhwbeth we'n i wir yn joio neud. Wedd siarad 'da'r ddou ohonyn nhw fel siarad 'da dou ffrind we'n i wedi nabod ers pan we'n i'n bymtheg. We'n i'n teimlo'n gartrefol yn 'u cwmni nhw. Dwi'n cofio mynd gatre a gweud wrth Donna shwt wedd pethe wedi mynd. 'Falle bod *chance* fan hyn, Donna,' wedes i. '*Chance* i fynd i weithio i'r BBC. *Chance* go iawn!' Ond digwyddiad ga i ddim byd yn y diwedd, feddylies i wrth 'yn hunan wedyn.

Ar ôl y cyfarfod cynta 'na 'da'r BBC, fe benderfynes i weud wrth Martin Mumford, 'y mòs yn Town and Country, bo' fi wedi ca'l y cyfarfod. Wedd dim byd yn bendant, we'n i'n gwbod, ond wedd yn well 'da fi fod yn onest 'da fe a'r cwmni o'r dachre, yn lle bod nhw'n clywed y stori wrth rywun arall, falle.

Yn anffodus na'th Martin ddim cymryd y newyddion yn rhy dda. Yn amlwg wedd Town and Country ddim ishe 'ngholli i fel cyflwynydd, achos wedd y ffigure gwrando'n dda bob cwarter. Dwi'n cofio gofyn iddo wedi iddo ymateb yn wael beth fydde'n well 'da fi i neud? Bod yn onest 'da fe a bod yn strêt? Neu gadel i rywun arall weud wrtho fe?

Ar ôl cyfarfod arall 'da Betsan yn Ninbych-y-pysgod tro 'ma, fe ges i wbod bod Rhodri Talfan Davies – bòs mawr BBC Cymru 'i hunan – ishe clywed 'bach o'r hyn we'n i'n gallu neud o ran cyflwyno. Ac we'n nhw ishe i fi recordo rhaglen beilot, i ga'l clywed fi'n mynd drw' 'mhethe.

Wel, os do fe de. Gwrddes i â Gareth Davies yn eitha clou ar ôl 'ny, yng nghar-parc Services Pont Abram o bob man! Wedd hi'n fis Awst, a wedd y tywydd mor dwym we'n ni'n berwi unwaith 'to. Gyrhaeddon ni'n dou y lle, mewn bob i gar, ac ar ôl parco lan, da'th Gareth mas o'i gar a gweud yn uchel, dros y car-parc, 'Lle ti isho neud o? Yn dy gar di neu yn 'y nghar i?'

'Gar, myn!' weiddes i 'nôl ar draws y car-parc. 'Sneb yn gwbod am beth ni'n siarad fan hyn! Mae'n swno'n dodji iawn.'

'Oes gen ti seddi lledr?' gofynnodd e wedyn. Ma ni off, wedes i wrth 'yn hunan 'to ...

Byddwch chi'n siŵr o fod ishe gwbod yng nghar pwy nethon ni'r peilot yn y diwedd – yn 'y nghar i, gyda llaw. Yn y cefen hefyd! Fe recordon ni ryw hanner awr o fi'n neud be dwi'n neud.

Ar ôl gwrando ar yr hanner awr recordon ni yng nghefen 'y nghar i, wedd Rhodri Talfan ishe clywed mwy. Felly, fe drefnodd Betsan bod y cynhyrchydd Keith 'Bach' Davies yn cwrdd â fi yn stiwdio'r BBC yn Heol Alecsandra, Abertawe er mwyn i ni recordo rhaglen hirach. Ma Keith yn dipyn o gymeriad. Fe wedd yn cynhyrchu rhaglenni Ray Gravell pan wedd e'n darlledu o'r gorllewin 'slawer dydd, ac ma fe fel fi yn ffan mawr o'r Scarlets a ni wrth ein bodd yn tynnu co's ein gilydd.

Fe recordon ni beilot arall – tair awr o hyd. Un o'r cyfranwyr wedd wedi cytuno i fod yn rhan o'r rhaglen beilot wedd Richard Jones, chi'n gwbod, Richard Fflach neu Richard Ail Symudiad. Dwi'n meddwl y byd o Rich a'i frawd Wyn, ma'n nhw'n fois o Aberteifi, ac yn fwy dwl na fi ambell waith. A fi yw nymbyr wyn ffan Ail Symudiad, dwi'n sicir o hynny.

Ar ôl gwrando ar y rhaglen nethon ni, wedd

Ar ben y byd, wel, ar ben y ford ta beth – wedi cyrradd Radio Cymru

Rhodri a Betsan yn lico'r peilot glei. We'n i'n gobeitho bod 'y mhersonoliaeth wedi dod drosodd yn y rhaglen, a'i bod hi'n esiampl dda o pwy ydw i, a be dwi'n gallu neud. Yr unig beth wedd yn gofidio nhw tamed bach wedd safon 'y Nghymra'g. Bydde'n rhaid i fi frwsho lan ar hwnnw. A wedd yn rhaid i fi gadw popeth yn dawel am beth we'n i wedi bod yn 'i neud yn ystod yr wthnose dwetha 'ny.

Es i 'nôl at Martin Mumford 'to a sôn wrtho fe bod 'na gytundeb rhyngddo i a'r BBC yn agosáu at ddod yn wir. We'n i'n digwydd bod yn dreifo lawr i Westy'r Diplomat yn Llanelli ryw noswaeth i gyflwyno'r Local Hero Awards ac fe ganodd y ffôn,

Betsan wedd 'na eto. Fe wedodd hi wrtha i os we'n i ishe rhoi'n *notice* i mewn i Town and Country, yna allen i neud. Wedd y BBC am gynnig cytundeb i fi i gyflwyno ar Radio Cymru. We'n i ffaelu credu'r peth!

Ond wedd un peth dal ar 'y meddwl i, yn anffodus. Wedd 'y nghytundeb i gyda Town and Country yn golygu bo' fi'n gorfod rhoi whech mis o notice iddyn nhw os we'n i ishe gadel y cwmni, a wedd dim byd allen i neud i newid hynny. Fydde'n rhaid i fi weitho 'na am whech mis arall.

Ond gododd 'y nghalon i 'bach wedyn pan ffonodd Betsan 'nôl i weud bod hi wedi bod draw i stafell y person yn y BBC wedd yng nghofal contracts perfformwyr, er mwyn trafod 'y nghontract i, a gweld ffeil y Doctor Who newydd, Peter Capaldi, ar y ddesg. Ar gau, wrth gwrs. Ac fe wherthinodd hi wrth feddwl bod y fenyw contracts druan yn mynd o drafod y Doctor Who newydd yn strêt i drafod sŵn newydd y prynhawn ar Radio Cymru! Meddyliwch petase 'na gawdel wedi digwydd gyda'r contracts a bod contract Peter Capaldi a fi wedi'u cymysgu! Alle Tommo nawr fod y Doctor Who newydd, a galle Peter Capaldi fod yn cyflwyno yn y prynhawn ar Radio Cymru. Fydden i wedi lico clywed rhai o'r cwynion wedyn! Ma'r stori fach 'na yn dal i ddod â gwên i 'ngwyneb i.

Pan dda'th y cyhoeddiad mas am y newidiade yn amserlen Radio Cymru, fe fuodd 'na gwyno am rai dyddie. Ond ma hynny'n digwydd bob tro pan fydd amserlen yn newid, achos dyw pobol byth yn lico newid. Ac fe fuodd 'na rai cwynion am y ffaith bo' fi'n symud draw o Radio Sir Gâr i gyflwyno ar Radio Cymru! Tommo ar Radio Cymru? Y bachan sy ddim hyd yn oed yn cyflwyno rhaglen Gymra'g ar Radio Sir Gâr!

Benderfynes i'n glou iawn fydden i ddim yn gwrando na chymryd sylw o'r cwynion we'n i'n 'u clywed. 'Na gyd we'n i ishe wedd bod pobol yn rhoi cyfle i fi gynta, i ddangos beth we'n i'n gallu neud, yn lle cwyno'n syth heb roi'r cyfle allweddol 'na i fi.

Cyn y Nadolig es i weld Martin Mumford eto, a wedes i wrtho fe bo' fi wir ishe gadel y cwmni nawr, ond wedodd e y bydden ni'n trafod 'to yn y flwyddyn newydd.

Erbyn dachre'r flwyddyn we'n i'n teimlo bo' fi wedi blino gweitho yn Town and Country. A gweud y gwir, we'n i wedi ca'l llond bola ac fe 'nelen i unrhyw beth i ga'l gadel 'na. We'n i'n meddwl y bydden i'n teimlo'n fwy trist na we'n i o feddwl am adel y lle. Ond mae'n rhaid i fi gyfadde bo' fi wedi bod yn fwy ypset i adel Radio Ceredigion yn Aberystwyth na we'n i'n teimlo wrth adel y stiwdios lle we'n i'n gweitho yn Arberth. Wedd e erio'd wedi teimlo'n iawn i fi, darlledu ar Radio Ceredigion, gan wbod bo' finne'n iste a chyflwyno'r rhaglen i'r gwrandawyr o sir Benfro.

Ar y nawfed o Ionawr eleni, fe gyflwynes i'r rhaglen frecwast yn y bore ar y pum gorsaf we'n i'n darlledu arnyn nhw. Gofynnodd Martin i fi ar ddiwedd y rhaglen beth we'n i ishe neud o ran cario mla'n i weitho yn Town and Country. Ofynnes i iddo fe'n deidi a allen i adel ddiwedd y mis. Ond yr ymateb ges i wedd bo' fi wedi cyflwyno'n rhaglen ola iddyn nhw'n barod, sef yr un we'n i newydd fennu cyflwyno. Wedd e moyn i fi adel yn syth.

'You can go now,' dwi'n gallu'i glywed e'n gweud wrtha i o hyd – am siom. Fe ddilynodd e fi mas o'r stiwdio, cymryd allwedd y stiwdio oddi wrtha i, gofyn i fi glirio'r ddesg, a dangos y drws i fynd mas. Wedd dim pob un aelod o'r staff 'na y diwrnod 'ny,

felly es i rownd i weud ta-ta wrth bwy bynnag wedd 'na ar y pryd, a mas es i. Ond wedd lot we'n ni ddim wedi ca'l cyfle i ffarwelio â nhw, gan gynnwys y rhai pwysica, sef y gwrandawyr. Heb y gwrandawyr, 'sdim pwynt i unrhyw un gyflwyno unrhyw fath o raglen – nhw yw'r rhai pwysica – hebddyn nhw, sdim rhaglen i ga'l. Fe adawes i'r pump gorsaf heb ga'l y cyfle i ddiolch iddyn nhw am y gefnogaeth we'n i wedi'i ga'l ar hyd y blynyddoedd. Ond 'na ni. Wedd dim byd allen i neud.

O'n i wastad wedi meddwl bo' fi wedi bod yn deidi yn y ffordd we'n i wedi trafod 'y mòs a'r cwmni drw' hyn i gyd, o'r cyfarfod cynta 'na wedes i wrthyn nhw bo' fi mewn trafodaethe gyda'r BBC. Ond alla i byth â gweud bo' fi wedi ca'l 'y nhrin yr un peth ganddyn nhw. 'This is how we do it,' wedd y cwbwl ges i w'bod am y ffordd ges i adel y stiwdios yn Arberth ar y bore 'na ym mis Ionawr. A dyna wedd diwedd 'yn amser yn cyflwyno ar raglenni radio masnachol – jyst fel'na.

Ar ddiwrnod 'y mhen-blwydd ar y cyntaf o Chwefror 2014, dyna'r diwrnod ddechreues i weitho'n swyddogol i BBC Radio Cymru – a sawl mis lawr y lein, sai'n difaru dim.

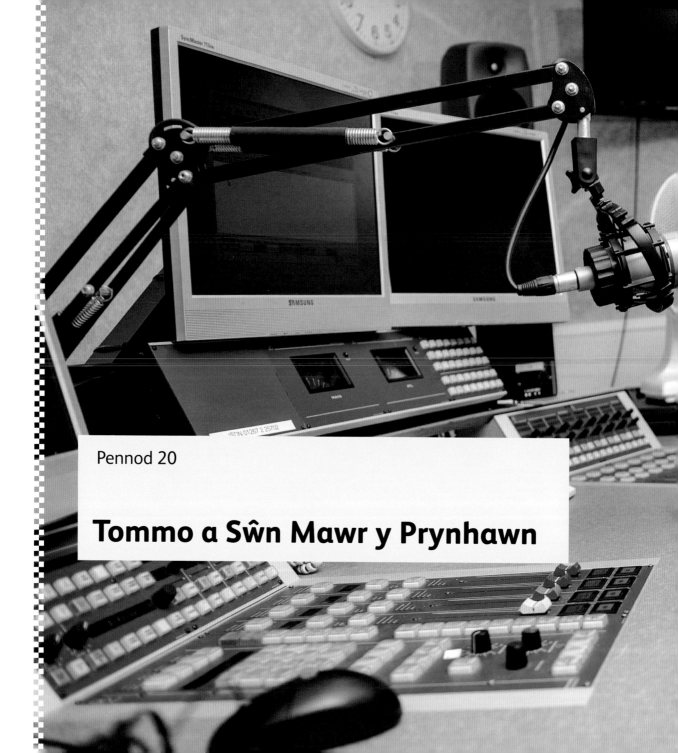

Pennod 20

Tommo a Sŵn Mawr y Prynhawn

Bob blwyddyn ma'r BBC yn rhoi tipyn o'u
rhaglenni radio a theledu mas i dender i'r sector
annibynnol, ac mae cwmnïe wedyn yn gorfod
cystadlu i ennill yr hawl i weithio ar y rhaglenni 'ny.
A dyna wedd y drefen 'da'r rhaglen fydden i'n 'i
chyflwyno hefyd.

Cwmni Telesgop o Abertawe enillodd y tender
i gynhyrchu'r rhaglen yn y diwedd, a hynny mas o
stiwdio'r BBC ar Heol y Prior yng Nghaerfyrddin. Ma
trac record da gyda cwmni Telesgop pan ddaw'n
fater o neud rhaglenni o safon – ar radio a theledu.
Ma'n nhw'n cynhyrchu rhaglenni i bob math o
gwmnïe ledled y byd. A chyn rhaglen Tommo, fuon
nhw'n cynhyrchu rhaglen Heledd Cynwal yn y bore ar
Radio Cymru, felly we'n nhw'n gyfarwydd â'r drefen.

Dwi'n cofio cwrdd â Richard Rees o gwmni
Telesgop am y tro cynta pan we'n nhw'n mynd am y
tender. Gŵr bonheddig yw Richard, bachan tal, sydd
wastad â manyrs perffeth. Fydd lot fawr ohonoch
chi'n 'nabod Richard achos mai fe sy'n dihuno chi ar
Radio Cymru bob bore Sadwrn, gyda'r llais arbennig
'na ... Neu hala chi i gysgu, fel dwi'n lico tynnu'i go's
e! Ma Richard yn ddyn diddorol iawn, wedi trafaelu'r
byd 'da'i waith ffilmo, a hefyd wedi diodde o atal
dweud ers pan wedd e'n fachgen bach. Wedd hi'n
sioc i fi weld shwt ma Richard yn gallu rheoli'r atal
bob tro wrth ddarlledu, ma'n anodd credu. Ma
fe hefyd yn hoffus iawn, yn neud i fi wherthin yn
amal, er falle bod e ddim yn trial bod yn ffyni. Ma
fe'n anghofus iawn weithie, a ma hwnna'n hala fi i
wherthin. Ond we'n i'n teimlo'n gartrefol iawn yn ei
gwmni fe pan we'n i'n trafod y rhaglen, ac we'n i'n
gwbod bydden ni'n dod mlan os mai nhw fydde'n
ennill y tender. A dwi'n falch mai Richard â'r tîm ga'th
y cytundeb yn y diwedd.

Ffaelu credu
bo fi 'ma!
BBC Caerdydd
a BBC Bangor

Tîm cynhyrchu bach y'n ni yng Nghaerfyrddin. Y bachan sy 'di ca'l y jobyn enfawr o drial cadw control arna i bob prynhawn – ma fe fel rhyw fath o *full-time carer* i fi – yw Terwyn Davies. Un o Ddyffryn Aeron yng Ngheredigion yw Terwyn. Dwi'n cofio'i weld e ambell waith yn Radio Ceredigion yn Aberystwyth flynyddo'dd maith yn ôl pan we'n i 'da'r Post, a fe'n dal yn yr ysgol yn Aberaeron. Ond we'n i ddim wedi'i weld e ers blynydde, tan i ni gwrdd 'to ar ddachre eleni a ffindo mas bod e'n mynd i fod yn gynhyrchydd arna i. Mae e, fel Richard, ag atal dweud arno fe a ma fe hefyd yn gallu cwato hynny'n dda, fel Richard. Fuodd Terwyn yn llais cyfarwydd ar Radio Cymru hefyd am rhyw wyth mlynedd, yn cyflwyno rhaglenni fel *C2* a *Steve a Terwyn*. Weithodd e'n galed, a dod dros sawl rhwystr i ga'l y jobyn cyflwyno 'na, a dwi'n gwbod bod e'n gweld ishe'r gwaith. Ond gyda'r byd radio, dwi'n gwbod cystal â neb bo' chi ddim yn gwbod be sy rownd y cornel.

Ma 'da ni berthynas dda ar yr awyr, ac oddi ar yr awyr. Ma amynedd 'da'r bachan 'na, ac ma ishe amynedd mawr i weitho 'da phersonolieth fawr fel fi. Ond ma'n rhaid i chi ddod mla'n 'da rhai chi'n gweitho 'da nhw hefyd. Ac ma rhyw *connection* da rhyngddon ni fel bod ein perthynas ni'n gweitho. Beth wedd mwya od i fi wedd bo' fi erio'd wedi ca'l cynhyrchydd i weitho ar ddim un rhaglen yn 'y myw. Felly, we'n i'n teimlo bo' fi'n ca'l *treat* yn ca'l cynhyrchydd ar 'yn rhaglen newydd i.

Ma 'na ddwy ferch sy hefyd yn rhan bwysig o'r tîm cynhyrchu – a gyda nhw ma'r gwrandawyr yn siarad bob dydd pan ma'n nhw'n ffonio'r rhaglen. Ma'n nhw werth y byd – Lowri Thomas a Siân Williams. Ma Lowri Thomas, neu Lowri Berllan, fel ma pawb yn lleol yn 'i nabod hi, yn dod o Dre-fach yng Nghwm Gwendraeth, ac ma hi'n gweithio fel Is-gynhyrchydd ar y rhaglen, fel rhyw *right-hand woman* i Terwyn. Pan fydd Terwyn bant ar 'i wylie, Lowri fydd yn iste ar 'y mhwys i yn y stiwdio – mae'n bertach i edrych arni na Terwyn hefyd! Fuodd Lowri'n gweithio ar raglenni teledu yn Telesgop cyn dod draw i weitho ar raglen Heledd Cynwal ar Radio Cymru o Gaerfyrddin, ac ma hi i weld yn joio'r gwaith ... Cofiwch chi, falle gelech chi stori arall wrthi hi.

Ma Siân Williams o bentre Myddfai ger Llanymddyfri yn newydd i'r byd cyfrynge 'ma. Fe raddiodd hi o'r Atrium yng Nghaerdydd yn 2013, ac ar ôl gweithio rywfaint ar raglenni teledu, fe dda'th hi draw i weithio ar raglenni radio o'r gorllewin yng Nghaerfyrddin tamed bach dros flwyddyn yn ôl. Ma hi i weld yn joio hefyd, ond bydde'n rhaid i chi ofyn iddi hi am 'ny hefyd.

Er mai enw'r rhaglen yw *Tommo*, dwi'n gweld y rhaglen fel gwaith tîm, ac ry'n ni i gyd yn gweitho'n galed ar y rhaglen i'w cha'l hi'n barod bob dydd. We'n i ishe cynnwys pob un o'r tîm yn y rhaglen rywffordd o'r dachre. Ma Terwyn yn iste wrth 'yn ochor i drw'r rhaglen, a dwi'n lico 'i gynnwys e yn y rhaglen nawr ac yn y man pan fydda i moyn. Ac ma Siân a Lowri hefyd i'w clywed ar y rhaglen: nhw sy'n rhoi gwbod i'r gwrandawyr beth yw rheole'r cystadlaethe cyn bod nhw'n ffonio ni. Ma'r merched hyd yn oed wedi dod yn sêr lleol yng Nghaerfyrddin, achos pan ma nhw mas ar nos Sadwrn ma pobol yn nabod 'u lleisie nhw, a ma'n nhw'n ca'l bach o stic! Ond dyna i chi'r pŵer sy 'da radio fel cyfrwng. Ma fe'n cyrra'dd shwt gyment o bobol, mwy na beth fyddech chi erio'd wedi

Y teulu arall – criw Sŵn Mawr y Prynhawn – Lowri, fi, Siân a Terwyn

meddwl. 'So chi byth yn gwbod pwy na faint sy'n gwrando.

Pan ddechreues i weitho i Radio Cymru ar y cynta o Chwefror, wedd 'da ni ryw fis cyn bod rhaglen *Sŵn Mawr y Prynhawn* yn mynd yn fyw ar yr awyr. Wedd mis o ymarfer rhaglenni 'da fi o mla'n i, mis i neud yn siŵr bod fformat y rhaglen yn iawn, a bo' fi'n gweithio'n galed i ga'l y Gymra'g yn rhwyddach i'w siarad bob dydd. Dwi'n cofio Richard Rees yn gweud wrtha i, 'Bob tro fyddi di'n camdreiglo neu'n ca'l rhyw air Cymra'g yn rong, fydda i'n dod mewn i'r stiwdio a rhoi clipen rownd dy ben di!' A chredwch chi fi, wedd e ddim yn jocan! Gorffes i ddysgu'n glou iawn a neud yn siŵr bo' fi'n cofio. Beth od bod pen ar ôl 'da fi!

Pan dda'th y cwynion mewn yn gynta am safon 'y Nghymra'g i, we'n i yn siomedig bod Cymry Cymra'g eraill yn gallu bod mor annheg â 'ny am rywun arall wedd yn Gymro Cymra'g. A dwi'n cownto'n hunan yn Gymro Cymra'g i'r carn. We'n

Taro tarw Tommo!

Gyda Richard Rees – gwd boi ↓

i'n llais newydd ar Radio Cymru, we'n i'n dod o Aberteifi, a llond ceg o Gymra'g Aberteifi wedd yn dod mas o 'mhen i. 'Na gyd we'n i ishe iddyn nhw neud wedd rhoi cyfle i fi. Dwi'n cofio 'nhad-yng-nghyfreth, Terry Reynolds, yn gweud wrtha i cyn bo' fi'n dachre cyflwyno'r rhaglen, 'Os wyt ti ddim yn gwbod beth yw ystyr rhyw air Cymra'g cymhleth ti'n dod ar ei draws yn ystod y rhaglen, gofyn beth ma fe'n feddwl. Achos ma 'na wrandawyr sy mas 'na'n gwrando sydd hefyd ddim yn gwbod beth yw ystyr y gair, falle. Galli di neud e'n addysgiadol wedyn.' Felly, dyna pam fydda i'n troi at Terwyn yn ystod y rhaglen weithie, yn gofyn iddo fe beth ma rhyw air yn 'i feddwl. Ac enwe llefydd yr un peth, os nag ydw i'n gwbod ble ma ambell i fan yng Nghymru, fydda i'n troi at Terwyn 'to, achos ma siŵr o fod un neu ddou arall sy'n gwrando gatre ddim yn gwbod ble ma'r llefydd 'ny chwaith.

Y cwbwl we'n i ishe'i neud ar 'yn rhaglen wedd cynnig rhwbeth hollol wahanol i wrandawyr BBC Radio Cymru yn y prynhawn, rhwbeth na we'n nhw erio'd wedi'i glywed ar yr orsaf o'r bla'n, falle. Rhywbeth wedd bosys y BBC ishe hefyd, fi'n credu. We'n i ishe bod pobol yn gallu ca'l laff gyda ni. Un o'r pethe we'n i ishe neud ar Radio Cymru wedd denu pobol draw, pobol dwi wedi'u nabod ers blynydde a phobol wedd erio'd wedi gwrando ar unrhyw raglen ar yr orsaf o'r bla'n. Denu nhw draw i'w hala nhw i feddwl, 'Jiw bois, ma Radio Cymru yn cŵl, ma fe'n laff a dwi'n lico hwn!' A'r gobeth yw bod nhw'n sefyll 'da ni wedyn.

Fi'n gobeitho bod ni'n gallu cynnig rwbeth bach i bawb ar y rhaglen yn y pnawn – 'bach o sbort – a dyna dwi'n gobeitho ma pobol ishe. Un o'r

cystadlaethe dwi'n dwlu arnyn nhw yw Bwgi Bach Bryan.

Dwi'n dal i neud disgos ar hyd a lled Ceredigion, sir Gâr a sir Benfro, ac ar ddiwedd 2013 fe fues i'n DJ ym mhriodas Iona Jones, merch Bryan a Ceinwen Jones o Felin-fach yn Nyffryn Aeron. Fe dda'th Bryan yn enwog trwy Gymru a'r byd yn 2012 pan ga'th e 'i ffilmio gan 'i fab yn watsho gêm rygbi ar y teli ryw bnawn Sadwrn. Wedd Bryan wedi cynhyrfu cyment nes bod yr awyr yn goch 'da'r rhegi. Fe dda'th e'n enwog am y dywediad, 'Ff** Mi Ffaro!' Fydd pobol byth yn anghofio hwnna. Ma

Bryan yn giamstyr ar whare'r organ hefyd ac yn iwso'r enw 'Bryan yr Organ' yn amal wrth berfformo.

Wedd y parti priodas yn y Clwb Rygbi yn Aberaeron, a wedd pawb yn gwbod erbyn 'ny dwi'n credu bo' fi ar fin mynd i Radio Cymru. Wel, pwy weles i wrth y bar ar y nosweth 'ny ond Bryan yr Organ. A 'na'r tro cynta i fi gwrdd ag e! Da'th e draw yn wyllt ata i, fel 'ma fe'n neud, a wedodd e, 'Tommo 'chan, unrhyw help ti moyn ar Radio Cymru nawr, gad i fi wbod, oce? Unrhyw beth chi moyn, helpa i chi mas!' Roies i ddiolch iddo fe am y gefnogaeth, a 'na'i gyd fuodd.

Pan gwrddes i â chriw Telesgop yn y cyfarfod cynta i drafod y syniade ar gyfer y rhaglen, wedodd Terwyn wrtha i fod 'da fe syniad am y gystadleuaeth ma lle fydde'n rhaid i'r gwrandawyr drial gweitho mas beth wedd gwahanol ganeuon fydde'n ca'l eu whare mewn sawl clip, a bydde'r bachan 'ma wedd e'n gwbod amdano fe'n whare'r caneuon – Bryan yr Organ! We'n i'n ffaelu credu'r peth! Wedd e'n sbwci iawn!

Ma cystadleuaeth Bwgi Bach Bryan yn lot fawr o sbort. Ma Bryan wedi dysgu'i hunan i whare'r organ, ac yn whare o'r glust. Sai'n credu bod e'n gallu darllen miwsig o gwbwl. Wedd e'n arfer bod mewn grŵp o'r enw Y Gwerinwyr flynyddo'dd 'nôl, ac ma pobol gorllewin Cymru fan hyn yn gwbod amdano fe hefyd achos 'i fod e'n whare'r organ mewn cymanfaoedd canu a thwmpathe dawns yn yr ardal – ma tipyn o sbort i ga'l 'da fe. Dreifo bys yw gwaith bob dydd Bryan, i gwmni Brodyr James, Llangeitho yng Ngheredigion, a bob dydd ma fe'n cario plant ysgol lawr i Aberaeron, ond wastad yn neud yn siŵr bod e'n tiwno mewn cyn 'ny i glywed a wês rhywun yn ca'l yr ateb i'r cwis yn iawn. Ma Bry yn whare clipie o bob math o ganeuon ar y rhaglen, a ma themâu gwahanol i'r caneuon bob wthnos; o emyne i Abba!

Eisteddfod
Genedlaethol
Sir Gâr 2014

Ma'r gwrandawyr yn ca'l lot o sbort 'da Bryan yn trial gweitho mas beth yw'r gân 'ma fe'n whare, a ma ambell i wrandäwr yn ca'l lot o sbort yn trial 'siarad' 'dag e hefyd. Fi'n credu bod e'n iawn i fi gyfadde fan hyn, nad yw Bryan yn y stiwdio 'da ni bob dydd. Er bod sawl un wedi credu 'i fod e yn ystod y miso'dd dwetha cofiwch! Ma'i frawddege fe wedi'u recordo, achos tra bod y rhaglen ar yr awyr – ma Bry ar y bws yn ardal Aberaeron. Yn ystod yr haf eleni, gethon ni'r cyfle i fynd â Bryan mas 'da ni i gwrdd â'r gwrandawyr mewn llefydd fel Sioe Fawr Llanelwedd, yr Eisteddfod Genedlaethol yn Llanelli, a hefyd yn Sioe Sir Benfro yn Hwlffordd. Wedd hwnna'n dipyn o sbort hefyd, joies i mas draw. A ma Bryan a fi'n gweitho'n dda 'da'n gilydd i drial rhoi rhyw berfformans mla'n i'r gynulleidfa.

Fuodd y tîm cynhyrchu a fi'n whysu stecs am fis cyn bod y rhaglen yn mynd yn fyw, yn recordo sawl rhaglen beilot yn y stiwdio yng Nghaerfyrddin, er mwyn i ni i gyd ga'l y teimlad shwt fydde'r rhaglen yn swno. Ma ca'l mis fel hyn yn werth y byd, achos os na wês rhwbeth yn digwydd bod yn gweitho yn y rhaglen, wedyn allwch chi newid 'bach arno, neu 'i adel e mas o'r rhaglen yn llwyr yntife.

Cyn dachre'n swyddogol hefyd we'n i'n lwcus iawn o ga'l trip bach lan i ganolfan y BBC yn y gogledd, a thrip bach i HQ yng Nghaerdydd i ga'l cwrdd â staff eraill, a gweld beth wedd ar ga'l ym mhob canolfan. We'n i wedi dreifo heibo i ganolfan y BBC yn Llandaf sawl gwaith, a breuddwydio ca'l gweitho 'na ryw ddiwrnod. We'n i'n teimlo fel 'sen i'n perthyn i'r lle'n syth pan gerddes i mewn, a bachan serchog wrth y dderbynfa, Geraint Lewis, yn gweud wrtha i, 'Shwmae Tommo? Croeso!' Fydda i'n cofio'r foment 'na am byth.

Gwestai ar raglen Jonathan

Dewi Llwyd, Brenin y Gogledd, yn derbyn ei goron

We'n i wedi arfer â gweld y newyddiadurwr Dewi Llwyd ar y teledu am flynyddo'dd yn darllen y newyddion, felly, wedd cwrdd â fe'n foment sbeshal iawn i fi. We'n i wedi ecseito cymaint i gwrdd ag e, pan weles i fe am y tro cynta yn stafell newyddion BBC Bangor, nes gwmpes i lawr ar 'y mhenglinie a chusanu'i dra'd e. A cha'l *selfie* bach 'da fe, neu 'hunlun' fel ddylen i weud. Diolch, Dyfodol i'r Iaith! Ond dwi wrth 'y modd gyda Dewi Llwyd, ma fe wastad wedi bod yn gefnogol i fi ers y dachre. Fydda i'n tynnu'i go's e'n amal ar yr awyr a dyw e byth yn gallu ateb 'nôl yn jocan i gyd, rhag ofon bod stori newyddion seriys i ga'l 'da fe. I fi, Dewi Llwyd yw Brenin y Gogledd a dwi'n cyfeirio ato fel Brenin y Gogledd ar yr awyr erbyn hyn.

Beth halodd fi i wherthin yn ddiweddar wedd pan wedd Dewi'n dathlu pen-blwydd sbeshal, fe drefnodd staff BBC Bangor iddo fe ga'l cacen ben-blwydd siâp coron. A'r sgrifen ar y goron? Wel, 'Brenin y Gogledd' wrth gwrs. Wnes i hyd yn oed ca'l sgwrs a chanu pen-blwydd hapus iddo fe'n fyw ar y radio. Wedd gas 'da fe dwi'n meddwl, ond gobeitho joiodd e. Wedodd Terwyn wrtha i wedyn, 'Dim ond ti Tommo fydde wedi gallu dod bant â 'na!'

Ond dwi'n ddiolchgar am bob cefnogaeth dwi wedi'i ga'l, o bob man. Ces i alwad ffôn un diwrnod, ac fe wedodd y llais ar y ffôn wrtha i, 'Helo, Tommo? Hywel Gwynfryn sy' ma.' Fues i bron â mynd drw'r llawr! Hywel Gwynfryn 'i hunan yn ffono i weud pob lwc cyn bo' fi'n dachre ar y rhaglen. A'th hwnna'n bell 'da fi – bod rhywun â cymaint o brofiad â Hywel Gwynfryn yn gefnogol i'r bachan bach hyn o Aberteifi wedd erio'd wedi cwrdd â fe o'r bla'n. Ac fe fydda i wastad yn ddiolchgar iddo fe am yr alwad ffôn 'na. Roiodd e shwd gymint o hwb i fi. A sai wedi edrych 'nôl ers 'ny.

TYN DY LUN 'DA TOMMO!

TYN DY LUN 'DA TOMMO!

Pennod 21

Tommo a'r dyfodol ...

Best in show gyda Terwyn ac Aneurin AI, fel Llywydd Sioe Merlod a Chobie Aberaeron

'Co fi, 'co nhw a 'co ni off - Proms yn y Parc yn Abertawe

Dwi ddim yn berson sy'n cymryd 'yn hunan yn seriys o gwbwl, a dwi'n gwbod bod hynny gobeitho'n ca'l i gyfleu yn iawn ar y radio.

Sai'n berson sy'n edrych lot fawr i'r dyfodol chwaith. Dwi'n cymryd un dydd ar y tro, fel ganodd yr hen Trebor. 'Sdim dal pa gyfleo'dd dwi'n 'u ca'l. Sdim dal pwy sy'n ffono o un dydd i'r llall i gynnig gwahanol bethe. Fe ges i alwade ffôn o bob man eleni – mae wedi bod yn nyts – o ymddangos ar raglenni *Heno* a *Jonathan*; bod yn rhan o noson gomedi Gŵyl Golwg; cyfle wedyn i gyflwyno noson Proms yn y Parc ar noson ola'r Proms yn Abertawe gyda Bryn Terfel o bawb yn canu; ca'l bod yn Llywydd Sioe Merlod a Chobiau Aberaeron; a gwahoddiad hefyd ym mis Medi i gyfarch Ceri Wyn Jones ar ei lwyddiant yn Eisteddfod Llanelli drwy ddarllen cerdd wedd Tudur Dylan Jones wedi'i sgrifennu iddo fe! Felly, 'sdim dal o ble ma'r alwad nesa am ddod.

Dwi'n un sy'n trio cadw 'nhra'd ar y ddaear. Dwi'n trial ffeindo amser i siarad â phobol os odyn nhw'n dod lan i siarad â fi am y rhaglen – i'w chanmol hi, neu i gwyno ambyti 'ddi. Mae wastad yn neis clywed pobol yn gweud wrtha i, 'O mae'n neis rhoi wyneb i'r llais.' Fydda i'n diolch i bawb sy'n dod lan ata i i siarad â fi, ac am roi 'u barn. Ma hynny'n bwysig. Ac ar ddiwedd y dydd, sai'n disgwl i bawb lico'r rhaglen. Mae'n wastad yn galed i drial plesio pawb, a sneb yn y byd ma fydde'n gallu neud 'ny.

Cofiwch, dyw Donna, Mrs Tommo, ddim yn credu o gwbwl bod 'yn nhra'd i ar y ddaear. Ma hi'n credu bo' fi'n *bighead*! Meddyliwch! Tommo yn *bighead*? Falle bod hi'n teimlo 'ny achos bo' fi'n weindo hi lan yn amal am y peth – ond, wir nawr, 'na beth mae'n feddwl ohona i. Mae'n gweud yn amal y bydde hi'n lico ca'l fi fel gŵr gatre, yn lle fel 'Tommo' y dyn dwl sy ar Radio Cymru. 'Pam so ti'n gallu bod yn Andrew am *change*?' medde hi.

Falle bo' fi'n siarad lot am 'y ngwaith pan dwi gatre, ond ma hynny achos bo' fi'n joio'r gwaith gyment, ac i weud y gwir, yr un person yw 'Tommo' sy ar y radio a'r Andrew Thomas sy 'nôl ym Maesglas yn y nos 'da'r teulu. 'Sdim switsh i ga'l 'da fi i switsho o un i'r llall. Beth chi'n 'i glywed ar y radio yw beth ma'r teulu'n clywed gatre. Ma'n nhw'n gweud bod sawl cyflwynydd yn rhoi rhyw berfformans mla'n pan fydd e'n gweitho ar y radio neu ar y teledu – yn bod yn rhywun arall. Wel, dim fel 'na odw i. A fydden i ddim ishe bod fel'na, nac ishe ca'l 'y ngorfodi i fod fel'na chwaith. Gofynnodd un o benaethiaid BBC Cymru i fi'n ddiweddar, 'Have you been BBC-fied, Tommo?' 'Sdim gobaith caneri 'da nhw feddylies i. Fi yw fi – a fydden i ddim yn newid hynny i neb.

Pan ges i aren newydd, a phan dda'th Cian Wyn mewn i fywyde Donna a fi, we'n i'n teimlo bo' fi wedi ca'l ail gyfle. Ail gyfle i fyw bywyd yn llawn. A dyna beth dwi'n trial 'i neud, yn byw'r freuddwyd fawr gyda'r BBC.

Ma lot fawr o'r diolch am ga'l byw 'y mreuddwyd yn mynd i un person – Betsan Powys, Golygydd Radio Cymru. Ma'r hen Betsan, neu 'Betsan fach fi', fel fydda i'n 'i galw hi, wedi rhoi 'i phen ar y bloc go iawn wrth roi jobyn i fi ar Radio Cymru. Wedd neb yn gwbod shwt fydde pethe'n troi mas, ac mae'n dal yn gynnar o hyd, dwi'n gwbod, ond alla i byth â chyfleu mor ddiolchgar ydw i 'i bod hi wedi rhoi'r cyfle 'ma i fi. Ma hi'n werth y byd. Dwi'n dwlu arni ac ma 'da fi lot o amser iddi hi, mae wastad yn onest iawn 'da fi am y rhaglen, ac am 'y nghyflwyno. Hi yw'r un wedodd mewn darlith yn Steddfod Llanelli eleni am bobol fuodd yn cwyno am 'yn iaith i, ' "Dyw e ddim yn treiglo," medde un llythyrwr. Ydy mae e, on i'n ca'l 'y nhemtio i ddweud … ond ddim yn y llefydd

iawn yn amal!' Diolch Betsan(!). Ond, go iawn, ma hi'n grêt; fe alla i godi'r ffôn arni a gofyn am gyngor unrhyw adeg.

Ma Siân Gwynedd, Pennaeth Rhaglenni Cymraeg BBC Cymru a Rhodri Talfan Davies, Cyfarwyddwr BBC Cymru, hefyd wedi bod mor gefnogol. 'Dwi'n dal i wenu,' wedodd Rhodri wrtha i un tro mewn tecst. Coeliwch fi, ma ca'l cefnogaeth fel'na gan eich bosys yn golygu popeth.

A gwenu yw'r gair pwysig i fi, dwi ddim yn cymryd fy hunan yn seriys – o gwbwl. Dwi ddim ishe i bobol feddwl, 'O, ma fe'n meddwl bod e'n siarad Cymra'g yn dda, ond dyw e ddim.' Achos dwi'n gw'bod nad ydw i ddim. Ond Cymra'g wy'n siarad a hynny bob dydd a wy'n ymdrechu … bob dydd.

Wedodd Dewi Pws wrtha i un tro, 'Os fyddi di byth yn trial gweud gair Cymra'g mawr dwyt ti ddim yn gwbod shwt i weud e – paid â'i weud e! Gwed y gair Saesneg yn 'i le, achos fydd e'n rhwyddach i ti. Bydde fe'n swno ddeg gwaith yn wa'th dy glywed di'n gweud y gair Cymra'g yn rong!' Dwi'n meddwl falle bod e'n gweud y gwir. Yffach!

Ma 'na lot o sylw'n cael ei roi i ffigure gwrando Radio Cymru pan ma'n nhw'n dod mas bob chwarter. Yn ystod y flwyddyn ddwetha, ma nhw wedi codi ac yn ddiweddar wedi cwmpo 'to. Yn naturiol, dyw rhywun fel fi ddim yn lico clywed 'ny. Ond fe wedodd rhywun wrtha i un tro bod hi'n cymryd tua dwy flynedd i raglen ac amserlen newydd i setlo'n iawn. Ody 'ny'n wir, sai'n siŵr.

Ond dwi'n gwbod bod hewl o ffordd 'da fi fynd 'to o ran 'yn iaith – dwi'n gwbod hynny'n hunan. A dwi'n dysgu rhwbeth newydd bob dydd, yn air neu'n ymadrodd. A dwi'n ddiolchgar am y cyfle i wella, ac i bawb am 'u hamynedd hir, hir.

Dyw 2014 ddim wedi bod y flwyddyn ore o ran iechyd i Dad a Mam, a dwi'n gobeitho y bydd y dyfodol yn lot mwy caredig iddyn nhw'u dou. A diolch iddyn nhw am be nethon nhw 47 mlynedd yn ôl ... i 'ngha'l i yn y lle cynta! Dwi'n caru'r ddau ohonyn nhw'n fawr iawn, a mor ddiolchgar 'u bod nhw'n dal 'da ni yn joio bywyd mas draw.

Donna a Cian Wyn yw 'y mywyd i, y tri ohonon ni'n ffrindie gore. Ni'n deulu agos, a dwi mor hapus bo' fi'n gallu byw'r profiade gwych 'ma gyda nhw. Leni, wrth gwrs, ges i deulu newydd, sef teulu bach Radio Cymru, ac ma nhw'n golygu'r byd i fi hefyd.

Dwi wedi bod yn lwcus iawn bo' fi wedi llwyddo i neud lot fawr o bethe we'n i wastad wedi ishe'u neud yn 'y mywyd, a dwi'n dal i neud pethe newydd o hyd, yn dal i ga'l profiade diddorol a da. A 'sdim lot fawr o bobol yn ca'l y cyfle i neud 'ny – dwi'n ystyried 'yn hunan yn fachan lwcus. Ddilynes i 'y mreuddwyd, a dwi wedi ca'l 'i gwireddu hi. Fydden i'n annog unrhyw un sy'n darllen y llyfyr 'ma ac sydd â breuddwyd o fynd i rwle neu i neud rhwbeth arbennig, i fynd amdani. Fydd e'n werth yr ymdrech yn y diwedd. Dwi'n credu'n llwyr bod hynny'n wir.

Os wês unrhyw beth dwi'n difaru yn ystod y 47 mlynedd ddwetha, yna mynd i'r ffrwd Saesneg yn Ysgol Uwchradd Aberteifi wedd hynny. Fel dwi wedi sôn, sai'n beio neb am hynny, dyna wedd y sefyllfa ar y pryd, a 'sneb yn gallu newid hynny nawr. Falle bydde safon 'y Nghymra'g wedi bod yn hollol wahanol erbyn hyn 'sen i wedi ca'l 'yn addysg drw'r Gymra'g. Ond fydda i byth yn gwbod i sicrwydd. Yr unig beth alla i weud yw bo' fi wedi gweitho'n galed ar 'i gwella hi bob dydd gyda help mawr y tîm cynhyrchu sy 'da fi; dwi'n dal i weitho'n galed drwy ysgol brofiad. Ma'r Gymra'g wedi dod

Y Prifardd Tommo ... A oes heddwch?

yn rhan fawr o'm mywyd i erbyn hyn, yn fwy na fuodd hi erio'd, gatre ac yn y gwaith. Ond fe fydd 'na rai fydd wastad yn cwyno. I fi, ar ddiwedd y dydd, be sy bwysica yw nid safon 'y Nghymra'g ond y ffaith 'y mod i'n siarad Cymra'g yn y lle cynta. Allen i'n rhwydd fod wedi troi 'nghefen ar yr iaith yn gyfan gwbl. Ond 'nes i ddim. A dyna sy bwysica ar ddiwedd y dydd. Dwi'n meddwl bod ca'l pobol i siarad mwy o Gymra'g bob dydd yn bwysig; dachre bob sgwrs yn Gymr'ag a bod yn hapus ac yn hyderus i'w siarad hi yn 'u ffordd 'u hunen, beth bynnag yw safon 'u hiaith nhw.

Odi, ma stori'r Sŵn Mawr wedi bod yn un gyffrous, yn un boenus weithie a thanllyd hefyd. Pwy â ŵyr be sy rownd y gornel yn ystod y degawde nesa. Ond ma Tommo bach yn edrych mla'n yn fawr at be sy nesa – beth bynnag fydd e. A dwi'n barod amdano fe. Felly, fel wede Bryan yr Organ ar 'yn rhaglen i, "Co ni off 'de! Ffeiar awê, Ffaro!'

Y TRO CYNTA I FI GWRDD Â TOMMO ...

Betsan Powys
Golygydd Rhaglenni,
BBC Radio Cymru

Poeni o'n i'r tro cyntaf i fi gwrdd â Tommo, poeni na fysen i'n ei nabod e. O'n i wedi gweld ei lun e sawl gwaith ond ai fel'na fydde fe'n edrych ganol dydd yng Nghaerdydd? 'O, paid ti poeni,' meddai Gareth dda'th gyda fi ac sy'n nabod Tommo ers blynyddoedd. 'Byddi di'n ei nabod e'n syth!'

Mewn â ni, a dyna lle roedd Tommo mewn crys-T a siorts yng nghanol y siwtiau tywyll, yn wên o glust i glust a'r tatŵ ar ei fraich e'n dweud yn blaen: dyma TOMMO! O'r eiliad gyntaf, y gair dda'th i'm meddwl i wrth sgwrsio â'r dyn brwdfrydig, hoffus yma oedd 'enillgar'. Mae'n gymeriad lliwgar, yn Gymro i'r carn. Ydy, mae'n swnllyd ond mae'n foi sobor o ddiymhongar ac yn syml iawn, fe ddysges i'n syth ei fod e'n gwmni da.

Y TRO CYNTA ...

Richard Jones a Wyn Jones, Ail Symudiad

Mae Wyn a finne wedi nabod Tommo, neu Andrew fel byddwn ni'n ei alw fe, ers blynyddoedd. Fe wnaeth y *drumsticks* i Ail Symudiad pan oedd Kevin Bearne yn whare drymiau i ni ac roedd yn dilyn y band. Mae e hefyd yn rhannu ein hoffter o bêl-droed. Bydden ni'n trefnu tripiau pêl-droed ar fysiau mini i wylio Cymru yn chwarae. Bydde fe'n whare trics yn amal. Un tro stopodd y bws mewn garej ger Castellnewydd Emlyn i ga'l petrol; wedi i'r bws ddachre gyrru bant, roedd stribed hir o'r papur glas 'na sy'n ca'l ei ddefnyddio i sychu dwylo yn hogian o gefen y bws fel cynffon yn ein dilyn ni am tua milltir: Tommo!

Mae Wyn a fi hefyd yn cofio ei ddyddie fel *Special Constable* yn y dre a'r ardal. Da'th Wyn allan o gyfarfod Cyngor Aberteifi un diwrnod ac roedd Tommo tu fas yn ei wisg plismon, a phan welodd e Wyn rhoddodd ei law o flaen ei wyneb a dweud: 'Yn eich wyneb chi!' dywediad a ddechreuwyd rhwng Wyn a fe.

Ar y ffordd adre o'r capel tua'r un adeg roedd damwain wedi bod ar groesffordd ger Boncath, sir Benfro, ac wrth agosáu, fe welais bod heddwas yn arwain y traffig. Pan welodd yr heddwas fi rhoddodd e 'i law a'i fysedd dros ei lygaid, 'Yn eich wyneb chi!' a gwên fawr ar ei *chops*! Tommo!

Mae gweld Tommo wrth ei waith fel DJ mewn partïon yn brofiad bythgofiadwy, a nawr mae ei ddawn naturiol gyda phobol yn disgleirio ar Radio Cymru. Gyda balchder ry'n ni'n ei alw yn ffrind, y bachgen hoffus o Faesglas. Tommo 'to!

Owain Wyn Evans
Cyflwynydd Tywydd a Theithio
BBC Cymru

Y tro cynta i fi gwrdd â Tommo, o'n i ddim yn gwbod beth i ddisgwyl! Oedd e'n enw adnabyddus gartre yn ardal Rhydaman yn barod, felly o'n i'n gwbod pwy oedd e. Ond a bod yn hollol onest, oedd e'n eitha *calm* pan weles i fe'r tro cynta. O'n i'n gwisgo siwt ac yn cerdded trwy'r stafell newyddion tuag at y stiwdio i neud bwletin tywydd i *Wales Today*. Wnes i ysgwyd ei law, dweud helo, a dyna ni. Ond yr eildro i fi gwrdd â Tommo ... wel ... Redodd e lan ata i a rhoi'r cwtsh mwya i fi a 'nghodi o'r llawr ... Waw!

Dwi wrth fy modd yn gweithio 'da fe ar y rhaglen, ni'n ca'l *chats* difyr iawn yn y prynhawn – a'r ddou ohonon ni'n mynd yn fwy *camp* bob dydd bron. Ma wastad digon o amrywiaeth yn y sgwrs, o fy marn ar *mankinis* i wisg ffansi ddiweddara Britney Spears ... A bob tro fe fydd e'n whare cerddoriaeth Kylie Minogue i fi – mae e'n nabod fi'n rhy dda!

Wynne Evans,
Tenor a seren yr hysbysebion
'Go Compare'

Fe gwrddes i â Tommo am y tro cynta ar yr awyr, ro'dd fy nhad wedi dweud ei fod e wedi bod yn sôn amdana i ar Radio Sir Gâr a dylen i roi caniad ffôn iddo fe. Felly, yn hollol annisgwyl, fe ffonies ac fe siarades i â rhywun, rhywun nag o'n i erioed wedi cwrdd â fe o'r blaen. Ro'dd e'n hanner call a dwl, llawn diddordeb, yn swnllyd, a doniol iawn. O'n i'n gwbod y bydden ni'n dod ymlaen!

Ers hynny ma Tommo a fi wedi dod yn ffrindiau da, a dweud y gwir mae e'n fachan sensitif a gofalgar – rhywun chi'n gwbod fydde fe'n neud unrhyw beth i'ch helpu chi. Pan symudodd Tommo draw o radio lleol i Radio Cymru, o'n i'n falch iawn drosto fe, mae e yn yr union fath o le y dyle fe fod ... ar y brig ac yn diddanu pobol dwi'n gwbod sydd wrth eu bodd yn ei groesawu i'w cartrefi.

Y TRO CYNTA ...

Richard Jones
Ffrind agos i Tommo

Dwi wedi nabod Tommo ers blynyddoedd.
Ers cyn cof. Am rywun sy'n ca'l ei nabod wrth un
enw syml 'Tommo', dyw'r enw 'na ddim yn neud
cyfiawnder â'r gwahanol elfennau sy'n perthyn i'r
dyn. Mae'n ddiddanwr o'i eni, a roedd ei ddisgos yn
enwog am ei antics gyda'r gynulleidfa. Mae ei egni
a'i fwrlwm yn ei gwneud yn hawdd tynnu hyd yn
oed y bobol swil lan ar y llwyfan, ac erbyn y diwedd
nhw fydde'n mynnu'r holl sylw ac ro'n nhw wedi
dod yn hen lawiau ar berfformio.

Pan ro'n i'n gweithio i'r Scarlets, fe gysylltes
i â Tommo i ofyn iddo ofalu am lywio profiad
y gynulleidfa ar ddiwrnod gêm; ei rôl e o'dd
codi hwyl y dyrfa. Ond un tro fe a'th e'n rhy
frwdfrydig a 'ngadel i mewn cot o whys. Yng
ngêm gogynderfynol Cwpan Heineken, lle ro'dd y
Scarlets yn herio Munster ar Barc y Strade; fel o'dd
Ronan O'Gara yn paratoi i gico dros y pyst o flaen
cynulleidfa fawr, dechreuo'dd Tommo guro drwm
mawr pres. I fod yn deg â Tommo, do'dd e ddim
yn trial tarfu ar y chwaraewr yn fwriadol; ro'dd

e'n wynebu'r dyrfa a heb sylweddoli bod cic wedi'i
dyfarnu i Munster, ac fe barhaodd i fwrw'r drwm yn
hapus. Cofiwch chi, wy'n credu o'dd e'n difaru achos
wrth iddo fe droi rownd, dda'th wyneb yn wyneb â
maswr mawr o Iwerddon yn syllu arno fe'n oeraidd.

Yr elfen fachgennaidd sydd ynddo fe sy'n 'i
neud e mor arbennig, ac mae'r brwdfrydedd hwnnw
mor heintus i gefnogwyr a'i ffans niferus fel ei
gilydd. Mae e'n wir ddiddanwr ac yn dalent naturiol
brin wedi'i chyfuno â synnwyr gwych o bwy yw e –
sef y boi o Aberteifi sy heb anghofio'i wreiddie.

Nigel Owens
Dyfarnwr rygbi rhyngwladol a ffrind

Mae 'nghysylltiad i a Tommo yn mynd 'nôl
sawl blwyddyn – i ddyddie Parc y Strade yn Llanelli.
Dwi'n cofio dyfarnu 'na un tro a gweld y bachan
newydd 'ma yn codi hwyl y dorf ar ochor y ca', ac
yn nonsens i gyd! Feddylies i wrth 'yn hunan, 'Pwy
yffarn yw'r clown hyn? O ble ma hwn wedi dod?'
Ar ddiwedd hanner cynta'r gêm, ro'dd y Scarlets
yn digwydd bod yn colli ar ddiwedd yr hanner,
ac fe gerddes i off y ca' ddwedodd Tommo ddim
byd wrtha i. Sai'n credu edrychodd e arna i hyd yn
o'd! Ond fe newidodd e'n llwyr ar ôl i fi chwythu'r
chwiban ola, achos fe enillodd y Scarlets. Ro'dd
e'n ffys i gyd, yn shiglo'n llaw, a 'nghanmol i am 'y
ngwaith ar y cae. Dyna beth o'dd gwahaniaeth
mewn bachan. Ond ro'dd e'n dangos mor
angerddol o'dd e dros 'i dîm.

Wedyn, pan gyhoeddes i'n hunangofiant i sawl
blwyddyn yn ôl, dwi'n cofio mynd lawr i'r stiwdios
yn Arberth i ga'l cyfweliad 'da Tommo am y llyfr ar
Radio Sir Benfro, Radio Sir Gâr a Scarlet FM. Ac ar ôl
y cyfweliad 'ny fe ddes i nabod y bachan yn iawn,
a'r pryd 'ny wedes i wrth 'yn hunan, 'Jiawch, 'so hwn
'ma i gyd.'

Erbyn heddi dwi'n ca'l y pleser o gyfrannu i'w
raglen e ar Radio Cymru bob wthnos – ac er mai
dim ond cwpwl o funude dwi'n siarad 'da fe, mae
e'n dipyn o brofiad, ac ry'n ni'n ca'l lot o sbort. Ma'n
bwysig ca'l cyflwynydd fel Tommo sy'n siarad yr un

Cymra'g â fi a lot fawr o bobol eraill sy'n byw yng
Nghymru heddi, rhywun sy'n swno'n naturiol ac yn
ei gweud hi fel ma hi. Dwi'n cwrdd â phobol bob
dydd sydd wedi dysgu Cymra'g neu sydd heb fod
yn ddigon hyderus i siarad yr iaith yn gyhoeddus
achos nad y'n nhw'n meddwl bod 'u Cymra'g nhw'n
ddigon da. A beth ma Tommo wedi llwyddo'i neud
yw rhoi'r hyder i'r bobol 'na i feddwl fel arall; bod 'u
Cymra'g nhw, beth bynnag yw 'i safon e, *yn* ddigon
da!

Ac ma'n rhaid gweud bod 'i Gymra'g ynte wedi
gwella'n ofnadw ers iddo fe ddachre, whare teg
iddo fe! Gwd boi!

Y TRO CYNTA ...

Rupert Moon
Cyn-chwaraewr rygbi a ffrind

Mae gen i gymaint o atgofion o'n dyddie cynnar 'da'n gilydd! 'Brothers from another mother' – adar o'r unlliw – dau enaid hoff cytûn. Mae Tommo yn 'lej', fel ma'n nhw'n gweud!

Ro'n i wedi clywed cymaint amdano fe cyn i fi fynd 'nôl i weithio fel Cyfarwyddwr Masnachol y Scarlets, clwb sy'n golygu cymaint i fi. Ro'n i'n meddwl bod 'da *fi* angerdd dwfn dros y clwb; nes i fi gwrdd â'r dyn ei hun yn y cnawd!

Dwi'n cofio trefnu noson yn stadiwm enwog Parc y Strade, noson ola'r stadiwm cyn iddo fe ga'l ei gau, a gweld dagre o lawenydd a balchder gan Tommo ar ôl iddo fe neud 'i waith y noswaith honno. Bydd y noson honno'n aros yn y cof tan fydda i farw. Dwi'n cofio'i gyflwyniadau cynhyrfus, y *banter* hwyliog ac atgofion parchus am ffrindie o'dd wedi'n gadael ni. Ro'dd e i gyd i'w wneud â'i amseru a'i dôn; gwbod beth i'w weud a phryd i'w weud e.

Fe ddatblygodd ein cyfeillgarwch ni yn ystod ei gyfnod gyda Radio Sir Gâr, Scarlet FM, a'r cannoedd o orsafoedd eraill ro'dd e'n llwyddo i'w jyglo ar yr un pryd o'r stiwdio fach 'na yng ngorllewin Cymru – sy'n dipyn o gamp ynddi'i hunan!

Fydden i'n codi tua 4 neu 5 o'r gloch y bore ac yn gwrando ar Tommo a'i diwns grêt wrth i fi fynd mas i gerdded cyn mynd i'r gwaith. Fydden i'n 'i ffonio fe neu fe fydde fe'n ffonio fi, gan roi'r byd yn 'i le bob wthnos tra bod y caneuon yn chware, a'r rhan fwya o'r bobol ar y stryd yn dal i fod yn cysgu! Bydden ni'n trafod popeth dan haul, *rollercoaster* o sgwrs, ond calon y cyfan o'dd y *bromance* rhyngddon ni – rhyw gwlwm cyffredin.

Fe fydde trial 'i reoli a'i dawelu fe ar ochor y cae rygbi yn bechod anferth. Mae pŵer y llais 'na, y brwdfrydedd, y galon a'r hiraeth 'na'n nodweddion prin iawn ac mae'n ca'l 'i garu gan filoedd o gwmpas Cymru!

Dwi wrth fy modd 'i fod e nawr yn ca'l 'chware i Gymru', fel disgrifion ni'r profiad pan glywon ni bod Radio Cymru wedi'i fachu fe. Mae ganddo fe sawl cap (neu raglen) erbyn hyn, a dwi'n gwbod bod 'na flynyddoedd o egni ar ôl o hyd yn y batri 'na sydd yn radio Tommo! Ymla'n Tommo – caru ti!

Heledd Cynwal Darlledwraig

Y tro cynta i fi gwrdd â Tommo oedd yn ystod y cyfnod pan fues i'n gweithio gyda BBC Radio Cymru yng Nghaerfyrddin. Fe gerddes i mas o'r adeilad a dyma gar mawr crand a'r rhif personol 'Tommo' ar y blaen yn parcio'n y maes parcio, ac wrth graffu'n agosach ar y car, dyma lais cryf yn morio canu mas o'r sedd flaen, 'Heledd Cynwal! Cariad bach fi! Shw'ti blodyn?'

A dyma fi'n cynhesu ato'n syth. A dyna wi'n credu yw apêl Tommo, ei gynhesrwydd, ei naturioldeb a'r ffaith syml ei fod e'n lico pobol ac mae'r didwylledd yna'n cario'n rhwydd dros y tonfeddi! Tommo, ti'n halen y ddaear! xx

Dewi Llwyd Newyddiadurwr a chyflwynydd Post Prynhawn

Pwy ydi Tommo? Dyna oedd fy nghwestiwn i a sawl un arall, mae'n debyg, pan gyhoeddwyd y byddai'n llenwi prynhawniau Radio Cymru. Cefais wybod cyn pen dim! Mentrodd i dir anghyfarwydd y gogledd. Da'th i chwilio amdana i yn yr ystafell newyddion ym Mangor. Cyn imi ga'l cyfle i yngan gair roedd ar ei bengliniau o'm blaen fel rhyw was yn cyfarch ei frenin! (Fel mae gwrandawyr y prynhawn yn gwybod, roedd rhagor o hynny i ddod.) Lai na deng munud byrlymus yn ddiweddarach roedd y bersonoliaeth gynnes, garedig eisoes wedi gwneud cryn argraff arna i.

Cymeriad hoffus heb os. A 'dach chi'n iawn – swnllyd!

Nev Wilshire Gŵr busnes, ffrind, a seren *The Call Centre* ar BBC3

Dwi'n cofio dreifo i'r gwaith i Abertawe un bore a gwrando ar Tommo ar y radio – y dyn dwl swnllyd 'ma! Ro'dd e'n siarad â rhywun o Glwb Rygbi Trimsaran dwi'n meddwl, ac ro'dd y sgwrs yn sôn am ryw ymgyrch o'dd gan y clwb i godi arian ar gyfer y clwb ac elusennau eraill. Ces i fy ysbrydoli gymaint gan y sgwrs fe ffones i'r clwb a chyfrannu at yr achos.

Ac ar ôl clywed Tommo'n sgwrsio ar y radio y diwrnod hwnnw, fe ofynnes i Nia, fy nghynorthwy-ydd personol, i gysylltu 'da fe i'w wahodd e lawr i swyddfa Saving Britain Money i gwrdd â fi â'r tîm yno.

Pan dda'th e lawr, ro'dd e fel corwynt – yn sŵn i gyd – ac fe wnes iddo fe ganu 'Mr Brightside' gan The Killers, sef y gân fyddai'n gwneud i bawb ganu pan fyddan nhw'n dachre gweitho i fi am y tro cynta! Dyna beth o'dd diwrnod!

Ond beth o'n i'n feddwl ohono fe y tro cynta gwrddes i â fe? Go iawn? Wel, o'n i'n meddwl mai fe o'dd brawd Quasimodo, ro'dd e fel rhywun o'dd newydd gwmpo mas o'r goeden hyll, gan fwrw pob cangen ar 'i ffordd lawr! Sori, Tommo!

Terwyn Davies
Darlledwr a chynhyrchydd rhaglen Tommo (dim ffrind ... o gwbl)

Dwi'n cofio gweld Tommo am y tro cynta yn dod mewn i stiwdios Radio Ceredigion yn Heol Alecsandra, Aberystwyth yn y 90au i gyflwyno un o'i raglenni – a fynte'n dal yn ei iwnifform postman! Ro'n i fel ynte yn gwirfoddoli yno ar y pryd. Ond ges i byth gyfle i ddod i'w nabod e, achos fydde orie darlledu ein rhaglenni ni'n wahanol.

Mae e'n enwog yn y gorllewin am ei ddisgos gwyllt mewn priodase. Disgos lle ma peryg i bobol orfod cyfnewid dillad a phethe fel 'na! Felly, pan o'dd Tommo'n DJ-io ar noson parti priodas fy chwaer rai blynyddoedd yn ôl, fe es i gwato yn y bar drwy'r nos – ac aros 'na – am fy mod i'n ofan fydde fe'n hala fi i dynnu 'nhrowser!

Ond wnes i ddim 'i weld e na siarad ag e'n iawn tan i fi gwrdd â fe 'to ar ddechre 2014 pan ddes i wbod y bydden i'n cynhyrchu 'i raglen e! Wel, ma 'mywyd i wedi newid yn llwyr ers hynny! Alla i ddim dianc oddi wrtho fe nawr ... ac ma pob prynhawn yn hollol wahanol. Sdim dal be wedith e amdana i, nac unrhyw un arall i weud y gwir!

Yr un yw Tommo ar yr awyr ac oddi ar yr awyr, ond mae e'r cymeriad mwya hoffus gewch chi, er gwaetha'r sŵn. Ma cymaint o egni 'dag e nes bydda i'n mynd gatre wedi blino'n dwll bron bob nos. Ac er 'i fod e'n sugno pob pripsyn o nerth mas ohona i, un peth alla i weud am Tommo yw 'i fod e'n neud y gwaith yn lle llawer mwy diddorol a hapus. Ac ma hynny'n beth cadarnhaol, siŵr o fod ... on'd yw e ...?

I 'ngwraig Donna a fy mab Cian Wyn,
a diolch i Mam a Dad am beth nethon
nhw 47 mlynedd yn ôl!